DÉ-CODER

Une contre-histoire du numérique

À Louis et à Charles.

Avant-propos

Un matin de printemps, en saisissant d'une main encore ensommeillée le téléphone qui me sert de réveil, j'ai lu, plissant un œil myope, ces deux notifications : « Et si vous vous lanciez dans les NFT[1] avec Monoprix ? », « Présidentielle 2022, second tour : 41 % d'abstention chez les 18-24 ans. » Dans la stupeur matinale, ces messages ne m'ont alors inspiré qu'une pensée lasse. « Mais où va le monde ? »

La chaîne Monoprix vend donc des NFT, disponibles à l'achat en cryptomonnaie. Nul besoin de maîtriser la technicité savante de ces « jetons non fongibles » pour avoir le sentiment, face à cette information incongrue, que la transformation numérique est en train de nous emmener loin, très loin ; et que

1. De l'anglais *non-fungible token*, les NFT sont des jetons cryptographiques auxquels est rattachée une identité numérique.

ce nouvel ordre qu'elle dessine, dans lequel Monoprix et la *blockchain* appartiennent au même univers, ne ressemble à rien de familier.

Au lendemain d'une élection où le taux d'abstention, dont le caractère contestataire est indubitable, témoigne d'importantes tensions sociales et d'une crise inédite de la démocratie, cette initiative marketing de Monoprix vers les technologies du métavers[1] n'en est que plus déroutante.

Entre la croissance exponentielle du marché des NFT et la précarité toujours plus grande de l'économie réelle, entre la perspective de relations humaines toujours plus virtualisées et la violence des fractures sociales que la « question identitaire » fait ressurgir, entre la valorisation croissante de l'immatériel et la dévalorisation des critères historiques de crédibilité, le monde semble avoir perdu ses repères. Il est difficile de lui trouver un sens ; et encore plus de s'accorder pour lui donner un sens commun.

C'est ce malaise, cette impression angoissante de ne pas savoir où l'on va, pris entre les tourbillons d'un progrès technologique effréné et les vents contraires d'institutions politiques sclérosées par les crises, qui a motivé l'écriture de ce livre. Ou, plus exactement, c'est le besoin de se projeter qui guide

1. Un métavers est un monde virtuel.

cette réflexion, l'envie de pouvoir imaginer un avenir qui ait un sens, et de comprendre un peu mieux où va le monde, emporté par cette grande transformation techno-culturelle que nous vivons.

Introduction

Qu'est-ce qui change, dans le fond, avec l'essor des nouvelles technologies ? On lit partout que la transformation numérique a *tout changé* – la façon dont on communique, dont on consomme, dont on travaille, dont on s'informe, dont on pense et même dont on ne pense plus, scrollant du bout des doigts, au moindre temps mort, comme on allumait jadis une cigarette, des kilomètres de contenus fabriqués pour notre abrutissement personnalisé ; ou, selon l'expression un peu ringarde mais d'autant plus éloquente de Gérard Longuet, que « la société numérique mondiale *modifie tout*[1] ». Je reformule donc la question : qu'est-ce qui change quand *tout* change ?

1. Gérard Longuet, sénateur de la Meuse et rapporteur de la commission d'enquête du Sénat sur la souveraineté numérique, conférence de presse, 3 octobre 2019.

L'impact de la technologie sur la société civile et ses institutions politiques est devenu une question aussi courante qu'essentielle. Des États-Unis, où Barack Obama appelle à réguler l'industrie numérique[1], aux couloirs des institutions européennes où de nombreux rapports alertent sur notre dépendance vis-à-vis des entreprises sino-américaines[2], il ne fait plus aucun doute que la numérisation croissante de l'économie a des conséquences politiques majeures. Alors que l'idée d'une intervention de l'État dans le domaine de l'innovation technologique aurait, il y a encore peu de temps, provoqué la colère de nombreux libéraux, il semblerait qu'elle fasse désormais consensus. La démocratie du XXIe siècle *doit* s'emparer de la question technologique, son avenir en dépend.

Ce constat induit deux types de réaction : des propos alarmistes qui pointent l'impact délétère des réseaux sociaux sur nos démocraties, soulignent le coût environnemental du progrès et dénoncent les répercussions

1. Dans un discours fort de symboles, Barack Obama s'est adressé aux étudiants de Stanford, une université historiquement liée aux développements des entreprises de la Silicon Valley. Hewlett Packard, Google, Yahoo, Instagram, WhatsApp, Netflix, LinkedIn, PayPal, YouTube : tous les fondateurs de ces géants du numérique sont issus de Stanford. Au sujet de cette intervention d'Obama, voir : Steven Lee Myers, « Obama calls for more regulatory oversight of social media giants », *The New York Times*, 21 avril 2022.

2. La question de la création d'un « Google européen » a d'ailleurs été abordée lors du débat de l'entre-deux-tours de l'élection présidentielle française en 2022.

sociales de l'ubérisation du travail ; et des discours optimistes qui voient, au contraire, dans l'expansion des technosciences le meilleur moyen de résoudre les maux de l'époque et considèrent que le zèle régulateur de l'Union européenne tuera l'innovation et la compétitivité, nous condamnant collectivement à l'insignifiance. Entre ces deux extrêmes, le débat se résume donc à une question de régulation : tout l'enjeu est de savoir où placer le curseur pour que le progrès technologique accompagne et nourrisse une forme de progrès social et démocratique.

*

Évidemment, il est nécessaire de contrôler l'industrie numérique (et l'égomanie de ses dirigeants). Mais il me semble également urgent de sortir de l'opposition manichéenne et souvent stérile entre Big Tech et démocratie afin d'interroger le rapport entre nouvelles technologies et politique sous un nouvel angle.

Ce livre n'est pas une critique de la technologie. Il ne cherche ni à condamner la perversité de son modèle économique, ni à dénoncer le potentiel autoritaire des entreprises de la Silicon Valley, si facilement instrumentalisées à des fins de surveillance ou de contrôle des masses. Il ne fait pas non plus l'apologie du progrès. Il ne soutient aucune thèse qui assimilerait le salut de l'humanité à sa numérisation. Enfin, ce livre ne propose surtout pas une synthèse qui consisterait à défendre un humanisme pragmatique, une démocratie de marché 2.0 où l'innovation serait encouragée, mais ses effets, maîtrisés. Il se place, précisément, à contre-courant de tous ces discours. Ni sceptique, ni utopiste, ni pragmatique, il propose une autre voie, qu'on pourrait peut-être appeler « techno-poétique ».

*

La poésie est presque toujours un dernier recours. Elle est ce qui reste, ce qui sauve, quand on n'a plus que « la réalité rugueuse à étreindre[1] ». Sur les ruines d'un monde qui a épuisé ses promesses, la poésie « accouche d'une étoile[2] ». C'est dans le chaos que la *poièsis* surgit, et qu'elle fait advenir ce qui n'était pas. On adopte une attitude poétique lorsqu'on ne se satisfait plus de l'existant, lorsqu'on croit, ou qu'on espère, qu'il est possible de poser sur les choses un autre regard. C'est ce que j'aimerais faire ici.

J'émets donc l'hypothèse – folle ou poétique – que la seule façon de comprendre le sens de la transformation numérique est de ne plus l'assimiler à ses scandales et aux intérêts de ceux qui la produisent ou l'instrumentalisent. Car, pour imaginer les institutions

1. RIMBAUD, Arthur, « Adieu » dans *Poésies. Une saison en enfer. Illuminations,* Paris, Gallimard, 1999.

2. NIETZSCHE, Friedrich, *Ainsi parlait Zarathoustra*, Paris, Le Livre de Poche, 1972.

qui garantiront demain le renouveau de la démocratie, il faut être capable de penser l'avenir de la politique non pas *contre* la technologie, mais *avec* elle. Et, pour cela, il faut s'éveiller à la dimension profondément transformatrice du numérique, celle qui vient façonner, derrière le bruit et la fureur de la nouvelle économie, le regard, la conscience, l'*imaginaire* des hommes.

Ce qui est fondamental avec la transformation numérique, ce n'est pas tant qu'on ne travaille ou qu'on ne communique plus de la même façon, ni que l'industrie numérique et ses modèles (l'ubérisation, l'économie collaborative ou *sharing*, le profilage des utilisateurs, etc.) viennent bouleverser des pans entiers de l'organisation économique et sociale, mais qu'à force de faire l'expérience du monde, de l'autre, et de soi, au travers du filtre inexorable de la technologie, on pose sur les choses un regard neuf, et que celui-ci leur donne un sens nouveau.

Je propose donc d'aborder la transformation numérique comme ce qui vient façonner de l'intérieur notre rapport au monde, et modifie, subrepticement mais inéluctablement, la valeur et la signification que l'on donne aux choses, produisant ainsi, avant qu'on s'en rende compte, un véritable bouleversement dans la conscience collective. À travers nos gadgets et nos innombrables « pratiques numériques » s'articule une nouvelle façon de voir le monde et de nouvelles aspirations se dessinent. C'est dans cette dimension profondément *instituante*, en faisant émerger, par ses usages, de nouvelles significations, de nouvelles représentations, que la technologie numérique est politiquement déterminante.

J'ai qualifié cette posture de « poétique » car elle décrit ce qui ne se voit pas, et montre ce qui se cache derrière les constats pragmatiques de la nouvelle économie : la transformation profonde de la psyché individuelle et collective, l'avènement progressif d'une nouvelle façon d'être au monde, l'émergence, en d'autres termes, d'un nouvel imaginaire.

*

De la contre-culture californienne à la guerre contre le terrorisme, en passant par les *fake news*, le Bitcoin, l'ubérisation de l'économie et les métavers, les chapitres qui suivent abordent la technologie à travers les représentations qu'on s'en fait. Ils décodent les présupposés qui influencent notre compréhension des nouveaux enjeux numériques, et démontrent que ce sont précisément nos schémas de pensée que les nouvelles technologies rendent anachroniques, inadaptés et obsolètes.

En cherchant à comprendre la manière dont la transition numérique fait émerger un nouvel imaginaire collectif, ce livre apporte un éclairage singulier sur la crise politique que nous traversons. Il espère également stimuler la créativité démocratique, la seule qui permette d'imaginer les institutions qui redonneront un sens au commun.

LA TECHNOLOGIE
ENTRE L'INDIVIDU ET L'ÉTAT

1.

La révolution numérique, ou comment la technologie devient libératrice

En 1964, des étudiants de l'université de Berkeley organisent une importante manifestation contre la guerre du Vietnam. Pour dénoncer le système bureaucratique qui envoie des milliers d'hommes à la mort, ils choisissent de comparer l'État à… un ordinateur. Ils brandissent des pancartes qui reproduisent les *punch cards* informatiques de l'époque, ces petites cartes perforées qu'il ne fallait ni plier (*fold*), ni déchirer (*mutilate*) pour qu'elles puissent être lues par les premiers ordinateurs[1] : « *I am a UC student. Please do not fold, bend, spindle or mutilate me.* »

Cette anecdote illustre bien la critique traditionnelle de la technique largement répandue au sein des mouvements sociaux des années 1960. Inspirés par les thèses de l'École de Francfort, ces mouvements

1. Les instructions suivantes étaient imprimées sur les *punch cards* de l'époque : « *Do not fold, spundle or mutilate.* »

contestataires considèrent l'« appareil technique » comme la manifestation d'un pouvoir hégémonique qui assujettit les masses, discipline les corps, et conforme les esprits à ses propres intérêts. Les ordinateurs des années 1960, issus des laboratoires de recherche militaire et encore réservés aux administrations et à quelques grandes industries, n'échappent pas à cette accusation. Ils sont avant tout perçus comme de nouvelles armes de contrôle social, incarnent une rationalité déshumanisante et réductrice que la métaphore des *punch cards*, brandies par les manifestants de Berkeley, illustre nettement.

Pour autant, si la technique[1] a suscité autant de critiques, ce n'est pas par technophobie, mais, au contraire, parce que nous reconnaissons à ses innovations la capacité de *changer le monde*. La technologie organise l'essentiel de la société. Elle structure son économie, l'aménagement de son territoire et sa capacité à gérer ses ressources, met en place les réseaux de surveillance, de soin, de défense et de gouvernement des populations. C'est parce qu'elle détermine l'ordre du monde qu'elle représente un enjeu aussi important.

Pour les marxistes du XIXe siècle et leurs descendants, ceux qui maîtrisent les « moyens technologiques de production » maîtrisent le sens de

1. La technologie résulte de l'alliance de la technique et de la science. La technologie est donc, en quelque sorte, l'héritière de la technique.

l'histoire. Ainsi, les philosophies critiques n'ont eu de cesse d'affirmer le potentiel transformateur de la technique et, ce faisant, de dénoncer la manière dont elle était détournée par les « classes », les « institutions » et les « structures » dominantes pour accroître les profits des industriels et les capacités coercitives du pouvoir politique. Jusqu'au jour où la « révolution informatique » a tout changé.

L'invention et la commercialisation massive du micro-ordinateur à partir des années 1980, la personnalisation croissante des outils numériques et les possibilités inédites qu'ils offrent aux individus ont soudain bouleversé les représentations qu'on se faisait de la technologie. Face à l'incroyable versatilité du secteur du numérique, les théories déterministes, qui dénonçaient un « système technicien », apparaissent inopérantes[1]. Non seulement le micro-ordinateur n'a rien à voir avec les machines déshumanisantes du secteur militaro-industriel, mais

---

1. Il y a évidemment beaucoup à dire sur ce point, et la recherche universitaire sur ce sujet est bien trop riche pour être réduite à un propos si tranché. Néanmoins, le changement provoqué par l'apparition des technologies numériques dans l'approche critique de la technologie est important. Des philosophes marcusiens (comme Andrew Feenberg) ou post-structuralistes (comme David Golumbia) ont à cet égard reconnu que ces technologies numériques comportaient, en dépit des structures de domination auxquelles elles se rattachent, une dimension libératrice ou, *a minima*, une part d'indétermination susceptible de les rendre subversives.

il ne peut pas être appréhendé comme l'attribut des pouvoirs économique et politique puisqu'il est précisément mis à l'usage de *tous*, et offre à chacun la possibilité de s'en servir pour son propre épanouissement. Dans la culture populaire, aussi bien que dans les sphères universitaires, apparaît alors un nouveau discours : l'ordinateur « donne un pouvoir » à son utilisateur. La technologie est passée du côté du peuple, ou, plus exactement, de l'*individu*.

« *Computers are coming to the people* » : LSD et utopies technologiques

Pour saisir la portée de ce renversement radical de point de vue concernant la technologie numérique, il faut revenir sur une période clé de son histoire, se pencher sur son berceau – ou plutôt sur sa bonne fée : Stewart Brand. Relativement méconnu du grand public, il est pourtant l'un des personnages les plus influents et haut en couleur de la « révolution numérique ». Il inspira notamment Steve Jobs qui le présentait comme son « héros », et lui a de nombreuses fois témoigné sa reconnaissance et sa dette dans ses discours[1].

1. Steve Jobs a d'ailleurs repris une formule de Stewart Brand dans l'une de ses allocutions les plus célèbres, à Stanford : « *Stay hungry, stay foolish.* »

*

En 1966, Stewart Brand a une vision. Alors que la ligne d'horizon se courbe devant lui sous l'effet de la drogue, il a tout à coup la sensation de l'unité du monde, et ressent profondément ce qui le lie à l'humanité et à la planète tout entière. Lui vient alors une idée : si les hommes voyaient la Terre depuis l'espace, ils comprendraient enfin qu'ils ne font qu'Un ! Stewart Brand est en plein « trip » de LSD sur le toit d'un immeuble de la baie de San Francisco, mais il gribouille néanmoins dans son journal : « Pourquoi n'avons-nous toujours pas vu de photo de la Terre ? »[1].

À cette période, Brand est l'une des figures emblématiques de la contre-culture psychédélique. Il fréquente l'écrivain Ken Kesey[2] et les Merry Pranksters[3], ainsi que les artistes anonymes de la « Company of US » dont le slogan est « *We Are All One* » (« Nous ne faisons qu'un »). À leurs côtés, il développe

1. Ce carnet est conservé dans les archives de l'université de Stanford, avec l'ensemble des « Stewart Brand Papers ».

2. Auteur du célèbre *One Flew Over the Cuckoo's Nest* (*Vol au-dessus d'un nid de coucou*).

3. Pionnier du mouvement hippie, ce groupe psychédélique itinérant fait à l'époque la promotion du LSD et du cannabis dans toute la Californie. Son histoire est racontée dans l'ouvrage de Tom Wolfe, *The Electric Kool-Aid Acid Test* (traduit en français sous le titre *Acid Test*).

un rejet de toute forme d'organisation bureaucratique, politique et hiérarchique. Brand pense que le changement ne peut pas advenir grâce aux contestataires de la nouvelle gauche qui militent, dès le début des années 1960, contre le racisme et la guerre du Vietnam. Selon lui, en acceptant à leur insu les règles de la société, ces mouvements font en réalité perdurer les hiérarchies oppressives auxquelles ils s'opposent. Pour changer le monde, il faudrait donc radicalement tourner le dos à la politique et aux normes sociales, et chercher, avant toute chose, à se transformer soi-même en libérant sa conscience. En guise de révolution, Stewart Brand organise ainsi des *Test Festivals*. Il s'agit d'événements « multimédia » (qui donneront naissance à la communauté hippie Haight-Ashbury) dans lesquels la musique, la vidéo, les lumières et les drogues de synthèse font vivre aux participants une expérience mystique et donnent supposément naissance à un sentiment de communion avec les autres, la nature et l'*Un*.

Quand il tripe sous LSD, en cet après-midi de mars 1966, Stewart Brand espère justement que la puissance symbolique d'une image provoquera une prise de conscience collective de l'unité des hommes et du vivant[1]. Hanté par cette vision et bien décidé à la

1. Stewart Brand anticipe de quelques années ce que les astronautes de la mission Apollo ont vécu lors de leur premier vol spatial : la vision du globe terrestre comme un véritable « choc

partager avec le plus grand nombre, Brand décide de lancer une campagne auprès des étudiants et de certains membres du Congrès afin d'obtenir une image de la planète depuis l'espace. Son vœu est bientôt exaucé. L'année suivante, la Nasa publie la première photographie en couleur de la Terre prise depuis un satellite en orbite.

Brand utilise alors ce cliché en couverture de son nouveau magazine, *The Whole Earth Catalogue*, destiné aux habitants des « nouvelles communes » qui fleurissent un peu partout dans l'ouest du pays. Dans ces communautés rurales et autonomes, des hippies expérimentent des modes de vie alternatifs, et font le choix du retour à la terre, loin du puritanisme et des hiérarchies de la société américaine. *The Whole Earth Catalogue* se présente comme un recueil bigarré d'idées et d'outils. Des articles universitaires inspirés par la cybernétique de Norbert Wiener y côtoient des analyses sur l'écologie naissante et les idées de Marshall McLuhan, des publicités et des petites annonces pour du matériel de construction, des diodes, des calculatrices Hewlett-Packard… Le même texte sert de préambule à chaque nouvelle édition :

---

cognitif », une prise de conscience de la fragilité de la Terre et de sa beauté, accompagnée d'un sentiment d'émerveillement et d'appartenance. Sur cette question, voir notamment le livre de Frank White *The Overview Effect: Space Exploration and Human Evolution.*

> Nous sommes comme des dieux, alors autant être des dieux efficaces. [...] Le pouvoir de l'individu est en train d'émerger. [...] *The Whole Earth Catalogue* promeut les outils qui facilitent ce processus et aident l'individu à développer son pouvoir.

The Whole Earth Catalogue marque un tournant capital dans l'histoire culturelle contemporaine. Il est le premier point de rencontre entre la technologie et la contre-culture. Sous l'impulsion de Brand, les outils technologiques présentés dans le journal ne sont plus des produits destinés à la consommation de masse, mais des moyens d'accélérer la révolution des consciences. À la fois cool, hippie et très pointu, son magazine devient la Bible du milieu techno-entrepreneurial naissant[1].

Quelques années après le lancement du *Whole Earth Catalogue*, Brand ira jusqu'à dire que les véritables héritiers de la contre-culture ne sont pas les hippies des nouvelles communes (qui ont d'ailleurs toutes échoué[2]), mais les ingénieurs en informatique qui développent, autour de Stanford, l'industrie numérique naissante. Brand considère que la technologie

1. Steve Jobs a, par exemple, été un lecteur assidu du *Whole Earth Catalogue* durant son adolescence. Il qualifiait d'ailleurs la revue de « *Google version papier, avec trente-cinq ans d'avance* ».

2. Voir à ce sujet l'excellent documentaire d'Adam Curtis pour la BBC, *All Watched Over by Machines of Loving Grace* (2011).

digitale provoque la révolution des consciences. Après avoir constaté l'échec du « retour à la terre » et des organisations prétendument anarchistes de ses anciens camarades, il est persuadé que seule l'informatique permettra de construire un monde meilleur. Convaincu que les ordinateurs offrent des moyens inédits de transformer la sphère sociale, il invente le terme « *personal computer*[1] ». La rhétorique de l'*empowerment technologique* est née.

En 1972, Brand publie un article devenu culte pour le magazine *Rolling Stone* dans lequel il annonce : « *Ready or not, the computers are coming to the people. That's good news, maybe the best since psychedelics*[2]. » Les jeunes entrepreneurs de la Silicon Valley boivent ses paroles. Il développe ensuite une version numérique de sa revue : le *Whole Earth 'Lectronic Link*. Le Well voit le jour en 1984. Ce serveur télématique précurseur d'Internet entraîne l'émergence de la première « communauté virtuelle » organisée en forums de discussions très variés. Les entrepreneurs, hackers et journalistes spécialisés s'y retrouvent. Brand devient progressivement

1. Alors qu'on parlait jusqu'ici de « micro-ordinateur », de « mini-ordinateur » ou d'« ordinateur de bureau », l'apparition du terme « ordinateur personnel » a marqué un tournant dans la vision de la technologie comme un vecteur d'émancipation individuelle.

2. BRAND, Stewart, « SPACEWAR: Fanatic Life and Symbolic Death Among the Computer Bums », *Rolling Stone*, 7 décembre 1972.

une figure clé de la cyberculture et un porte-parole de la communauté des hackers. C'est d'ailleurs lui qui organise la première Hackers' Conference en 1984 avec son ami Kevin Kelly (lequel fondera dans la foulée le magazine *Wired*, devenu et resté *le* média de référence consacré à la « culture numérique »[1]).

Les livres et documentaires consacrés à la vie de Stewart Brand (toujours vivant aujourd'hui, et plus ou moins reconverti en activiste pour le climat) sont unanimes pour reconnaître le rôle que ce personnage fantasque et hyperactif a joué dans l'établissement de la « cyberculture ». Ils dépeignent tous la trajectoire d'un homme devenu très influent presque malgré lui, et dont les tribulations individuelles ont été le miroir, à force de coïncidences, de l'histoire culturelle d'une époque et d'un milieu. Brand a su créer, entre la revendication d'une marginalité assumée, l'hyper-créativité dont il a fait preuve et le dynamisme entrepreneurial de ceux dont il s'est entouré, un univers exceptionnellement séduisant. La qualité de son entourage, combinée à ses succès personnels répétés (du *Whole Earth Network* à la Hacker's Conference, au *Well* puis à *Wired*), a fait que ses idées ont été non seulement largement répandues, mais aussi immédiatement légitimées. Mieux : elles

1. Streeter, Thomas, « The Moment of Wired », *Critical Inquiry*, vol. 31, n° 4, 2005.

ont été, pour la plupart, *irrésistibles*[1]. John Markoff, le journaliste du *New York Times* qui a enquêté sur sa vie, écrit :

> Stewart Brand a été partout ; c'est à la fois mystérieux et un peu effrayant, la manière dont il apparaît dans tous les événements, tous les mouvements sociaux, environnementaux, technologiques de son époque. Il a vu le potentiel des transformations technologiques avant les autres. Il a été un homme d'idées ; et ses idées sont son plus grand héritage[2].

Quant au *Los Angeles Times,* il le qualifie de « penseur le moins reconnu mais *le plus influent* des États-Unis ». Stewart Brand a en effet été l'instigateur, volontaire ou involontaire, d'un discours incroyablement puissant d'*empowerment* technologique. Pendant plus de trente ans, des années 1960 aux années 1990, il a incarné les différents visages d'un techno-utopisme numérique dont les idéaux se retrouvent à la fois distillés dans toute la Silicon Valley (difficile de ne pas lire le slogan de Meta / Facebook, « *Bring the World Together* » comme une reformulation du rêve d'unité prôné par le *Whole*

---

1. Markoff, John, *What the Dormouse Said: How the Sixties Counterculture Shaped the Personal Computer Industry*, New York, Penguin Books, 2006.

2. Markoff, John, *Whole Earth: The Many Lives of Stewart Brand*, New York, Penguin Press, 2022.

Earth Network), et radicalisés dans certaines branches de la cyberculture contemporaine, chez les cypherpunks notamment. Brand a en particulier propagé l'idée d'une opposition de principe entre l'État et l'innovation technologique, assidûment marketée comme le moyen *par excellence* grâce auquel pourrait advenir une société meilleure, plus libre et dégagée de l'emprise de l'État.

*

Stewart Brand n'a rien inventé. Sa « foi » dans la capacité des ordinateurs à « libérer l'individu » n'est au fond qu'une reformulation un peu plus punk du techno-progressisme des Lumières, qui voyait dans l'ingéniosité techno-scientifique le meilleur moyen d'échapper à l'obscurantisme et d'améliorer la condition des hommes. Là où, au XVIIIe siècle, on martelait que les progrès de la science et de la raison allaient permettre aux hommes de s'émanciper des dogmes et de l'absolutisme politico-religieux, Stewart Brand remplace la science par la technologie, et promet que les ordinateurs et la cyberculture libéreront l'individu des normes et des institutions politiques et morales qui contraignent sa liberté. Son discours n'est rien d'autre qu'une « mise à jour », un *rebranding*, un *repackaging,* mais il est follement efficace.

En effet, avec son « *computers are coming to the people* », Brand a ancré le revirement des représentations collectives dans un récit culturel très politique. Il n'a pas seulement défendu l'idée inédite d'une technologie individuelle et émancipatrice : en faisant du numérique une arme contre-culturelle contre l'oppression, il a aussi établi le principe d'une opposition manichéenne entre une société technologique qui incarnerait l'avènement d'un humanisme techno-scientifique, et la menace d'un État qui l'en empêcherait.

2.

L'âge de la surveillance numérique : des *cypherpunks* au procès de l'État

Le nouveau paradigme édifié par Stewart Brand a donné naissance à la cyberculture. Cependant, ses idées se sont propagées bien au-delà des cercles plutôt restreints de la *hacker culture*, et ont trouvé, y compris parmi les critiques de la technologie, un écho formidable. Car, par un hasard de l'histoire, les circonstances lui ont donné raison.

Ces circonstances, ce sont les attentats du 11 septembre 2001. Fatalité du sort, le déclenchement de la guerre contre le terrorisme a lieu au moment précis où les sociétés occidentales basculent massivement vers le numérique. En 2001, la bulle internet vient d'éclater (témoignant du boom de l'industrie technologique), Google est déjà le premier moteur de recherche, et pour un grand nombre de foyers, l'ordinateur personnel, le téléphone portable et la connexion internet font désormais partie des biens de consommation courante. La simultanéité de ces deux phénomènes – les attentats et la normalisation de l'accès aux technologies numériques – les a rendus indissociables : elle a créé les conditions de la rencontre entre sphère numérique et sphère politique, autour de la mise en place de nouvelles politiques de surveillance numérique.

Le déploiement d'un appareil de contrôle de masse justifié par la raison d'État et la lutte antiterroriste a intensifié la dichotomie de Stewart Brand : aux promesses libératrices de la technologie pour l'individu, l'opinion publique a opposé le spectre terrifiant d'un nouvel État technologique qui aurait détourné les outils numériques de façon à créer un appareil de contrôle orwellien inédit.

« *F**k the FBI!* » : l'hacktivisme comme pensée politique

Décembre 2014, Hambourg. Sur la façade du palais des congrès, trois immenses C de néon percent le gris épais de l'aube enneigée. Le CCC, pour Chaos Communication Congress, est « le plus grand rassemblement de hackers au monde », « le Woodstock des *geeks* », m'a-t-on dit. Depuis l'extérieur, c'est insoupçonnable. Avec ses larges parois de verre et son esplanade de béton, le Congress Centrum de Hambourg ressemble au siège social d'un cabinet d'audit de La Défense. Impossible d'imaginer qu'il abrite la plus célèbre réunion mondiale de cyber-activistes, si réputée pour ses excentricités. Cette impression d'austérité se dissipe néanmoins rapidement : dans le hall d'entrée, les vigiles constituent la dernière manifestation d'une quelconque forme d'autorité officielle et verticale. Une fois passé les tourniquets, on est immédiatement happé par le *chaos* organisé de ce Congrès qui porte si bien son nom, aspiré dans les méandres de ses couloirs transformés pour l'occasion en vaisseaux spatiaux psychédéliques, coupé du temps et du monde extérieur par la programmation de conférences et d'événements en tout genre qui s'enchaînent sans interruption, 24 heures sur 24 durant quatre jours.

La foule s'amasse pour assister à la conférence inaugurale prononcée par une star de la scène underground berlinoise, Alec Empire, inventeur de la musique électronique *digital hardcore* et célèbre militant anarchiste. Devant la salle, dans un hall aménagé en salle de jeux, une manette de Super Mario Bros géante attire quelques curieux, à deux pas, un couple danse sur le plateau d'un jeu d'arcade comme dans un blockbuster américain des années 1990. On croise un peu plus loin une piscine à boules, une tente zen où déguster du thé blanc pieds nus, un bar à café où l'on est initié aux « méthodes douces[1] »,

1. Contrairement aux méthodes de type expresso, dans lesquelles le café est extrait par une très forte pression de l'eau, les méthodes

un atelier de *lockpicking*[1] et une imprimante 3D réservée à la fabrication de godemichés. Ces divertissements saugrenus, qui oscillent entre activités enfantines, performances artistiques et hobbys très spécialisés, participent de la contre-culture numérique, ils constituent le vernis « cool » de la communauté tech. Mais il ne faut pas s'y tromper : derrière ses allures de parc d'attractions pour trentenaires passionnés d'informatique, le CCC est un événement sérieux, où l'on travaille autant que l'on s'amuse, et où la technologie est avant tout un moyen de faire de la *politique*.

Alors que je m'attendais à rencontrer un public de *gamers* asociaux, de petits génies du code informatique obsédés par leur existence virtuelle, et désintéressés de la question sociale, j'ai trouvé une communauté fortement politisée. D'une salle de conférence à l'autre, et quel que soit le degré de technicité des thèmes abordés, on retrouve les mêmes ambitions : mettre le progrès technologique au service d'une société plus libre. Partout, les participants cherchent à contrecarrer la surveillance sous toutes ses formes, à imaginer un futur libéré des carcans de l'ordre

---

douces visent à extraire le café de façon « douce », en versant l'eau lentement et sans pression, de façon à obtenir un café plus rond en bouche et moins acide. C'est le principe des cafetières Chemex, V-60 ou AeroPress.

1. Cette technique consiste à crocheter une serrure afin de l'ouvrir sans avoir à se servir de la clé.

social et de l'oppression étatique. La méfiance envers l'autorité, c'est-à-dire à l'encontre de toute forme de centralisation ou de verticalité de pouvoir, est le point de départ de l'ensemble de ces initiatives, fidèles aux valeurs de la « *hacker culture*[1] ». L'individu est la mesure de toute chose, et sa liberté constitue une valeur sacrée que rien ne doit limiter, tant qu'elle n'empiète pas sur celle d'autrui. Cette conception radicale de la liberté concerne, par exemple, la propriété intellectuelle. Selon les principes fondamentaux de la *hacker culture*, l'information doit toujours être libre et gratuite. Stewart Brand en personne aurait eu ce mot célèbre lors de la première Hacker's Conference aux États-Unis : « *Information WANTS to be free.* » Or, poser un « acte de propriété » sur une idée ou un concept limite la liberté d'autrui d'y avoir accès. C'est pourquoi les logos et les affiches du CCC sont libres de droit. Sur le site internet collaboratif du Congrès, on recommande simplement de « ne pas faire aux autres ce que tu n'aimerais pas que l'on te fasse ». Autrement dit, on compte sur la bienveillance et la reconnaissance des gens pour le travail d'autrui, mais on refuse catégoriquement de faire valoir la propriété intellectuelle ou le droit d'auteur. Ainsi,

1. LEVY, Steven, *Hackers: Heroes of the Computer Revolution*, Achor, novembre 1984. Ce livre a popularisé le terme « hacker ». L'auteur y développe notamment le concept de « hacker culture » et liste les principales valeurs éthiques des hackers.

tout ce qui peut entraver la liberté de l'individu (de la propriété intellectuelle à la lutte antiterroriste) est rejeté par principe. L'ennemi à combattre est clairement identifié : c'est l'État, ses lois restrictives, sa société moralisée, stérile et étouffante, et surtout son appareil de surveillance et de contrôle. Au CCC, on rêve d'un monde sans gouvernement, et, en attendant l'avènement d'une nouvelle société anarchiste et libertarienne, on travaille dur à élaborer des solutions technologiques (essentiellement cryptographiques) pour échapper au contrôle de la puissance étatique et à sa surveillance institutionnalisée. C'est ce qu'on appelle « faire de l'*hacktivisme* ».

Au fil des conférences et des rencontres, la devise du congrès, « technologie, société, utopie », s'incarne de manière plus concrète. Derrière cette foi, partout renouvelée, dans le pouvoir transformateur de la technologie se cache une vision politique bien articulée : celle du mouvement *cypherpunk*. Le terme vient de l'association des mots *cipher* (qui signifie « chiffrement ») et « punk », en référence au genre littéraire de science-fiction « cyberpunk[1] ».

1. Il ne faut donc pas confondre « cyberpunk » et « cypherpunk ». Le premier est un genre littéraire appartenant à la science-fiction et représentant une vision dystopique du futur technologique. Né dans les années 1960 et contemporain de la New Wave, le genre cyberpunk a notamment été popularisé par Philip K. Dick (dont le roman *Les androïdes rêvent-ils de moutons électriques ?* a inspiré le film *Blade Runner*), Frank Herbert (*Dune*), Isaac Asimov (le Cycle des

Le courant cypherpunk défend un recours massif à la cryptographie, technique la plus efficace pour s'assurer que le numérique serve et protège la liberté de l'individu, et non la puissance de l'État ou de grands groupes privés. Chiffrer ses données permet en effet de garantir un anonymat complet, et donc une liberté totale d'action et d'expression, en échappant à la répression potentielle de puissances institutionnelles. Internet crée, pour la première fois dans l'histoire, un espace où cette liberté totale et absolue est possible. En ligne, l'utilisateur peut devenir un autre, vivre et dire ce qu'il veut, se réinventer autant qu'il le souhaite, sans que personne le sache ou lui en tienne rigueur. Le numérique a établi un espace où la personne est libérée de toutes les limitations, tous les carcans, tous les déterminismes que la société lui impose dès sa naissance ; c'est le célèbre dessin de l'humoriste Peter Steiner pour le *New Yorker* : « *On the internet, nobody knows you're a dog.*[1] » Pour les

---

robots) ou encore William Gibson (*Neuromancer*). Le mouvement « cypherpunk », quant à lui, est au départ une organisation tout à fait informelle. Il s'agit d'une *mailing list* apparue dans les années 1980, grâce à laquelle les destinataires échangeaient à propos de la cryptographie. Eric Hughes a présenté les grandes lignes du mouvement cypherpunk dans son bref *Cypherpunk Manifesto* en 1993. La même année, le mouvement a été introduit au grand public dans l'article « Crypto Rebels » de Steven Levy paru dans le magazine *Wired*.

1. Le dessin représente deux chiens assis derrière un écran d'ordinateur. L'un explique à l'autre : « Sur Internet, personne ne sait que tu es un chien. »

cypherpunks, l'utilisation de la cryptographie permet de réaliser l'essence de ce qu'Isaiah Berlin a théorisé comme « la liberté négative », c'est-à-dire la liberté comprise comme l'absence d'entrave et de contrainte à l'action[1]. Grâce à l'anonymat garanti par le chiffrement des données, aucune interférence extérieure ne vient troubler, limiter ou réprimer la liberté de l'utilisateur qui peut ainsi développer ses facultés et ses opinions sans être modelé par aucune norme sociale[2]. Cette liberté unique, qui n'existe qu'en ligne lorsque l'identité est protégée par la cryptographie, est le Graal du mouvement cypherpunk.

Dans les premiers chapitres de son autobiographie, Edward Snowden se souvient avec nostalgie de son adolescence où la question du *tracking* et de la

---

1. BERLIN, Isaiah, « Two Concepts of Liberty », dans *Liberty*, Oxford, Oxford University Press, 2003. Dans son essai, Isaiah Berlin oppose liberté négative et liberté positive. La première est comprise comme l'absence d'entrave et de contrainte à l'action de l'individu ; tandis que la seconde est comprise comme la possibilité d'agir de façon autonome, de façon à réaliser son plein potentiel.

2. Le théoricien libéral John Stuart Mill, défenseur, comme Isaiah Berlin, d'une conception négative de la liberté, a formulé une comparaison fameuse entre l'individu et la plante : comme les plantes, les individus doivent être laissés libres de grandir et de se développer en suivant leur propre logique, sans que quiconque les empêche de pousser. Dans cette optique, le développement de la personne ne peut pas se produire s'il est imposé de l'extérieur.

désanonymisation des données ne se posait pas. Il reconnaît avec amertume que sa génération a été la seule à avoir l'opportunité de « grandir en ligne » sans risquer d'être jugée *a posteriori* à partir de son empreinte numérique[1]. Comme Snowden, les hackers considèrent que l'anonymat constitue un droit fondamental, non seulement pour l'individu connecté, mais pour la société tout entière : une surveillance des données en ligne annonce fatalement le glissement vers une société de contrôle, voire un État policier. À l'inverse, défendre la possibilité d'être incognito sur Internet revient à lutter pour un monde plus libre, contre toutes les formes de domination institutionnalisée[2].

En décembre 2014, lorsque s'ouvre la 31e édition du CCC, cela fait un an et demi qu'Edward Snowden a révélé l'existence des programmes de surveillance de masse mis en place par les services de renseignement américains au nom de la lutte antiterroriste. Les documents qu'il a rendus publics, issus des archives de la National Security Agency (NSA), ont apporté la preuve que ces services avaient accès aux données de n'importe quel citoyen, sans mandat particulier,

1. SNOWDEN, Edward, *Permanent Record*, New York, Metropolitan Books, 2019.

2. Steven Levy, dans l'article « Crypto Rebels » mentionné ci-dessus : « *The outcome of the crypto struggle may determine the amount of freedom our society will grant us in the 21st century. To the Cypherpunks, freedom is an issue worth some risk.* »

notamment grâce à une collaboration avec les grandes entreprises de la Silicon Valley comme Skype ou Facebook. La communauté des hackers, qui avait pourtant anticipé dès le début des années 1990 les problèmes relatifs à la protection de la vie privée sur Internet, est en émoi. La colère est palpable, et les révélations d'Edward Snowden ont exacerbé les sentiments crypto-anarchistes. L'État n'est plus seulement cet ensemble artificiel et incompétent[1], il est fondé sur une fraude morale, un mensonge avéré : alors qu'il promettait de protéger les citoyens contre la menace terroriste, il a en réalité attaqué les principes mêmes qu'il s'engageait à défendre, violant les libertés fondamentales de ses administrés, surveillés et traqués à leur insu au nom de la raison d'État.

Pour les plus radicaux, il faut mettre à mort ce système. C'est l'ambition de WikiLeaks et de son fondateur Julian Assange, par ailleurs co-auteur d'un livre consacré au mouvement cypherpunk. Assange estime que le secret d'État représente une menace trop importante pour la liberté de l'individu. Selon lui, une société juste ne devrait pas le tolérer, et ne devrait jamais accepter de se voir imposer une législation d'exception, quel qu'en soit le prétexte. La transparence doit donc toujours être du côté des

1. Pour rappel, l'anarchisme de la *hacker culture* repose en partie sur la conviction que la technologie est plus à même de résoudre les grands problèmes du monde que la politique.

institutions : c'est à l'État de rendre des comptes aux citoyens, et non l'inverse. C'est ainsi qu'Assange justifie le rôle de la plateforme WikiLeaks, pensée pour être le bras armé de la lutte cypherpunk, et pour rendre publics les secrets d'État tout en garantissant l'anonymat absolu à ceux qui se sentiraient l'âme de lanceurs d'alerte.

Au CCC, les lanceurs d'alerte et leurs alliés de chez WikiLeaks sont célébrés comme des héros. Un portrait de Snowden, qui reprend le code couleur du poster « Hope » de Barack Obama, est placardé partout. Le parallèle n'est pas anodin : Snowden est bien ici un héros *politique*. On distribue des autocollants et des affiches à son effigie, on réclame pour lui le droit d'asile : « *Ein Bett für Snowden*[1] *!* » Pour la soirée d'ouverture du congrès, le documentaire primé aux Oscars et consacré à Snowden, *alias Citizenfour*, est d'ailleurs projeté en avant-première. Une table ronde suit la projection du film, à laquelle participent la réalisatrice, Laura Poitras, et un jeune hacker impliqué dans la diffusion des archives Snowden : Jacob Appelbaum.

Je n'avais jamais entendu parler d'Appelbaum avant de me rendre au CCC, mais j'ai vite compris

1. « Un lit pour Snowden » est une initiative lancée par la fondation Digital Courage afin de réclamer l'asile du lanceur d'alerte en Allemagne, où le public, particulièrement sensible aux questions de protection de la vie privée, a été plus réceptif qu'ailleurs à ses révélations.

à la réaction du public qu'il s'agissait d'une célébrité. L'homme est accueilli avec autant d'applaudissements que la réalisatrice. Après Snowden, c'est lui, la véritable vedette de l'événement. Jacob Appelbaum est l'une des figures de proue du projet Tor[1] qu'il promeut partout dans le monde et notamment dans les pays où des régimes autoritaires restreignent la libre circulation de l'information, comme l'Égypte ou la Turquie. Il a aussi joué un rôle important dans le décryptage et la publication des archives Snowden. Jacob est un hâbleur, un *troll*[2] charismatique qui a le sens de la formule. Le public du CCC l'adule. Il parle de « totalitarisme » pour dénoncer la surveillance de masse exposée au grand jour par Snowden, raconte comment lui-même, citoyen américain, est la cible des services de renseignement de son pays du fait de son activisme numérique. Pour fuir cette intolérable tutelle, il s'est exilé à Berlin. Appelbaum fulmine : « Les services de renseignement collectent nos données pour nous contrôler, et ils continueront à le faire tant qu'ils en auront les moyens, car il est dans la nature de l'État de se constituer en appareil répressif. La lutte antiterroriste n'est qu'un prétexte,

1. Tor est un logiciel libre ayant développé un réseau informatique et un navigateur web permettant de préserver l'anonymat de ses utilisateurs. On l'apparente souvent au Dark Web.

2. Dans l'argot d'Internet, un *troll* est un provocateur, ou plus précisément une personne qui poste des messages tendancieux sur les forums ou les réseaux sociaux afin d'alimenter les polémiques.

une fausse excuse agitée comme un épouvantail pour encourager le peuple à renoncer volontairement à ses libertés. En vérité, la surveillance de masse n'a jamais permis d'arrêter un seul terroriste ! [La foule applaudit de plus belle.] Il y a cependant une bonne nouvelle, poursuit Appelbaum, une très bonne nouvelle : c'est que nous sommes plus forts que la NSA ! Les techniques de chiffrement utilisées par Snowden pour communiquer avec les journalistes ont résisté à toute intrusion gouvernementale, le PGP fonctionne[1] ! » Dans la salle, des cris de joie accompagnent les applaudissements. Encouragé par un public exalté, Jacob Appelbaum se lance dans une diatribe incendiaire contre le gouvernement américain et ses alliés des Five Eyes[2], qu'il conclut par un doigt d'honneur spectaculaire en criant à la salle : « *F**k the FBI!* » L'immense salle du palais des congrès de Hambourg se lève d'un même élan, c'est une *standing ovation*.

1. PGP, pour Pretty Good Privacy, est un logiciel de chiffrement cryptographique développé par Philip Zimmermann, un hacker américain, au début des années 1990.

2. Five Eyes désigne l'alliance des services de renseignement du Canada, de l'Australie, de la Nouvelle-Zélande, du Royaume-Uni et des États-Unis. Les documents mis en ligne par Snowden ont révélé l'étendue de cette collaboration, au détriment des droits des citoyens.

Le spectre de la « surveillance de masse », ou le procès de l'État

Dans le contexte de la lutte antiterroriste, l'opinion publique a largement adopté la perspective de Brand et de ses héritiers de la *hacker culture*. La seule posture qui est alors apparue comme concevable était de s'alarmer de l'instrumentalisation de la technologie par l'État. Partout, de la littérature universitaire à la presse grand public, on s'est posé les mêmes questions (à quelques abus de langage près) qu'Edward Snowden, Jacob Appelbaum et la communauté cypherpunk : jusqu'à quel point la raison d'État peut-elle justifier la mise en place d'un appareil technologique de surveillance de masse ? Où situer le point d'équilibre entre sécurité et liberté ? Quel compromis est tolérable ? En d'autres termes, on a fait le procès de l'État.

La condamnation des pratiques de surveillance a été d'autant plus virulente que l'on avait jusque-là conçu le numérique comme un espace de liberté totale. Les pionnières universitaires du *cyberespace* – Donna Haraway, Sandy Stone, Sherry Turkle – avaient en effet théorisé les univers virtuels comme des lieux où les individus pourraient se libérer et même transcender les contraintes physiques, sociales, matérielles de l'existence, où il serait possible de réaliser délibérément ses identités[1]. Turkle avait conclu, après de longues enquêtes sur les plateformes de jeux virtuels[2], que l'anonymat offert par les avatars permettait une vraie « exploration de soi » et la réalisation d'une forme d'individualité post-moderne[3]. En bref, il a existé, du premier Internet au « Web social » du début des années 2000, un large consensus pour reconnaître la dimension « active », et donc émancipatrice, de la formation des identités virtuelles[4].

Dès lors, la surveillance numérique mise en place par le Patriot Act[5] aux États-Unis, et déclinée

---

1. BOYD, Danah, « Sexing the Internet: Reflections on the role of identification in online communities » www.ischool.berkeley.edu/research/publications/2001/sexing-internet-reflections-role-identification-online-communities.

2. Elle s'intéresse en particulier aux *multi-users dungeons*, ou MUD, ces jeux en ligne hébergés sur des serveurs où les participants incarnent des personnages mythologiques (elfes, monstres, gobelins, etc.) et peuvent interagir dans l'univers, souvent fantastique, du jeu.

3. TURKLE, Sherry, *Life on the Screen*, New York, Simon&Schuster, 1997.

4. DONATH, Judith et BOYD, Danah, « Public Displays of Connection », *Bt Technology Journal*, vol. 22, 2004, p. 71-82.

5. Le USA Patriot Act est en réalité un acronyme pour « *Uniting and Strengthening America by Providing Appropriate Tools Required to Intercept and Obstruct Terrorism* ». Adopté 45 jours seulement après les attentats du 11 septembre 2001, il met en place des moyens législatifs exceptionnels dans le cadre de la lutte antiterroriste, en particulier, le controversé acte V visant à « lever

ensuite à l'échelle mondiale, a été perçue comme une agression de l'État dans une sphère numérique où, précisément, on croyait pouvoir échapper à toute intrusion coercitive. La possibilité de collecter les expériences virtuelles de chacun pour les transformer en données traçables et analysables est donc apparue comme une violation totale des promesses techno-progressistes. Alors que la société numérique promettait d'être plus libre, la curiosité des services de renseignement l'a transformée en un « espace ouvert à l'observation permanente », susceptible d'aboutir à une « nouvelle société panoptique »[1].

Pire encore, en collectant les données personnelles de ses citoyens à la recherche de terroristes, en se donnant les moyens de *potentiellement* violer la vie privée de n'importe qui, l'État a enfreint ce qui légitime son existence : la séparation de la sphère publique et de la sphère privée, et la promesse de protéger la seconde des injonctions de la première. La surveillance numérique n'est donc pas seulement un affront aux espoirs techno-progressistes de la société civile, elle est aussi le symptôme d'un désaveu de

---

les obstacles » juridiques et techniques qui pourraient entraver les enquêtes et la collecte des données personnelles dans le cadre de la lutte antiterroriste.

1. LAVAL, Christian, « Discipline and Prevent: the New Panoptic Society », *Revue du MAUSS*, vol. 40, n° 2, 2012, p. 47-72.

l'État, la marque d'un glissement autoritaire et antilibéral de son administration.

En juin 2013, lorsqu'Edward Snowden révèle aux journalistes du monde entier les programmes de « surveillance de masse » de la NSA, il justifie son acte – la trahison de secrets d'État, pour laquelle il risque une peine d'emprisonnement à vie – en prétextant qu'il lui semblait nécessaire et juste de dénoncer « l'abus de pouvoir » de l'exécutif américain et « d'informer le public de ce qui se fait en son nom » : « La destruction de la vie privée par le gouvernement »[1]. Les journalistes qui se chargent de la publication des documents qu'il a dérobés à la NSA accusent alors les services de renseignement américains d'avoir créé un « État de surveillance[2] » dont ils fustigent les dérives « totalitaires »[3]. Ils font par ailleurs référence à plusieurs reprises au roman dystopique *1984* de George Orwell dans lequel Big Brother, le leader totalitaire d'Oceania, place tous les citoyens sous surveillance permanente *via* des télécrans

1. « Edward Snowden: the Revelations Behind the NSA Whistleblower », *The Guardian*, 2013.

2. *Edward Snowden, the NSA and the Surveillance State* est d'ailleurs le sous-titre de l'essai de Glenn Greenwald *No Place to Hide*.

3. *Astro Noise: A Survival Guide for Living Under Total Surveillance*. Il s'agit de l'exposition dirigée par Laura Poitras au Whitney Museum de New York en 2016.

installés à leurs domiciles. Snowden va plus loin, et accuse même la surveillance de la NSA d'être « pire » que ce qu'avait imaginé le romancier[1]. Dans la presse, la métaphore orwellienne devient alors systématique, si bien que les ventes de *1984* explosent et augmentent de près de 6 000 % en une semaine d'après le *LA Times*. Le milieu universitaire s'empare lui aussi de la métaphore et parle de « l'âge de 1984[2] », « d'État post-Orwellien[3] », du « retour de 1984 » pour théoriser les nouvelles pratiques de surveillance numérique. Comme l'écrit John McGrath dans *Loving Big Brother,* Orwell incarne le « fantasme culturel dominant au sujet de la surveillance ».

Comment garantir qu'une société numérique puisse demeurer libérale et démocratique, quand l'État est à tout moment susceptible d'instrumentaliser les nouvelles technologies à des fins de surveillance et de contrôle[4] ? De la presse aux

---

1. CBS, *Snowden says surveillance worse than* 1984.
2. Engley, Ryan, « Love and Surveillance: Reformulating the State Gaze in the Age of *1984* », in *Can Philosophy Love?*, New York, Rowman & Littlefield International, 2017.
3. Giroux, Henry, « Totalitarian Paranoia in the Post-Orwellian Surveillance State », *Cultural Studies*, vol. 29, n° 2, 2015.
4. Maras, Marie-Helen, « The social consequences of a mass surveillance measure: What happens when we become the "others"? », *International Journal of Law Crime and Justice*, vol. 40, 2012.

recherches théoriques et juridiques, l'enjeu posé par la numérisation du monde est de préserver la sphère technologique des tentations orwelliennes de l'État.

3.

La *blockchain*, ou la loi du marché comme contrat social

La multiplication de ces références effrayantes à la surveillance de masse et au roman d'Orwell a contribué à normaliser des idées qui étaient jusqu'alors restées confinées à quelques cercles libertariens et au milieu de la cyberculture[1]. Elle a véhiculé une certaine méfiance à l'égard de l'État, a fait entrer dans les mentalités une suspicion de principe, très américaine, envers le « *big government* » et en particulier ses services de renseignement. Snowden a parfaitement incarné cet imaginaire cyberlibertarien. Il a fait de la technologie le révélateur du rapport de force entre l'individu et l'État en considérant que la cryptographie lui avait non seulement permis de

1. L'alliance du courant libertarien et de la cyberculture a donné naissance au « cyberlibertarianisme », une idéologie dont se réclame le courant cypherpunk qui met en pratique ses idéaux grâce au chiffrement des données numériques.

résister à toute forme de surveillance pendant la planification de sa fuite et la publication des documents classifiés, mais aussi de renverser la balance et d'exposer les dérives du pouvoir. Il a mis en acte le potentiel libérateur de la technologie : un homme seul face à la première puissance mondiale, armé seulement de quelques lignes de code.

Pourtant, Snowden n'est pas responsable de ce profond changement de perspective. Si la technologie apparaît aujourd'hui comme un moyen d'échapper au contrôle de l'État, mais surtout comme une alternative véritable à ses institutions, c'est grâce au Bitcoin.

En 2013, en pleine affaire Snowden, le cours du Bitcoin dépasse momentanément celui de l'or, soit une hausse de 10 250 % en moins d'un an, avant de s'effondrer et de perdre 28 % de sa valeur deux semaines plus tard. Malgré son extrême volatilité, cette nouvelle monnaie numérique passionne l'opinion publique. Le magazine *Forbes* titrera d'ailleurs : « 2013, année du Bitcoin ». À ce moment, le Bitcoin a déjà quatre ans, mais le monde entier apprend seulement son existence. L'éditorialiste du *New York Times* et prix Nobel d'économie Paul Krugman défraie alors la chronique avec son article « Bitcoin is Evil » qui lance un débat, toujours d'actualité, sur la nature de cette cryptomonnaie. Faut-il qualifier le Bitcoin et les nombreuses cryptomonnaies nées depuis de *monnaies*, ou bien les considérer comme des actifs purement spéculatifs dont la nature technologique ne vise qu'à échapper à la régulation ? L'enjeu technologique et philosophique du Bitcoin est là : que penser de sa prétention à constituer une alternative aux institutions financières traditionnelles, voire à s'y substituer ?

Naissance de la *blockchain* : la méfiance comme principe fondateur

Le 31 octobre 2008, un certain Satoshi Nakamoto[1] publie un article[2] dans lequel il présente un nouveau « système de paiement électronique *peer to peer* » auquel il donne le nom de « Bitcoin ». Sa spécificité est de permettre, grâce à l'ingénieuse combinaison de différentes technologies, de sécuriser des transactions financières sans intermédiaire. Dans son introduction, l'auteur explique que l'entremise des institutions financières, coûteuse et jamais entièrement sécurisée, n'est plus adaptée aux transactions dématérialisées de l'ère du e-commerce. Il présente alors le Bitcoin comme un moyen de se passer d'intermédiaires, et d'éviter ainsi toutes les imperfections du système financier traditionnel.

Le Bitcoin est une chaîne de signatures électroniques cryptées, d'où l'appellation de cryptomonnaie.

1. Un pseudonyme dont on ne sait pas s'il fait référence à un individu ou à un collectif.
2. Considéré désormais comme le « livre blanc du Bitcoin ».

À chaque fois que des bitcoins sont échangés, cette chaîne de signatures est augmentée de façon à y inscrire les détails de la transaction. Elle apparaît donc comme un grand livre de comptes retraçant toute l'histoire des échanges de bitcoins. Grâce à la technologie de cryptographie utilisée, cet historique des transactions est *a priori* infalsifiable. Aucun risque, donc, de fausse monnaie[1]. Par ailleurs, l'authenticité des transactions n'est pas vérifiée par un tiers de confiance mais par l'ensemble du système. Les capacités computationnelles des différents « nœuds » qui le composent sont alors mises en concurrence, et le premier « nœud » qui réussit à apporter la preuve mathématique de la validité des transactions se voit attribuer de nouveaux bitcoins[2]. Ainsi, les bitcoins ne sont pas créés par une banque centrale comme les autres monnaies, mais « minés » par les membres du réseau (les « nœuds ») qui mettent les capacités computationnelles de leurs ordinateurs au service de la sécurité globale du système. Enfin, toutes les

1. En réalité, le risque n'est pas nul, mais théoriquement très faible.

2. Plus le nombre de transactions vérifiées augmente, plus le nombre de bitcoins attribués pour chaque vérification diminue car ce dernier est divisé par deux tous les quatre ans environ. Ainsi, lorsqu'on aura atteint le nombre maximal de 21 millions de bitcoins mis en circulation (ce qui, selon les experts, devrait arriver vers l'an 2140), la rémunération pour chaque nouveau bloc créé se limitera à la collecte des frais de transaction.

dix minutes environ, un groupe de transactions validées est transformé en un « bloc » crypté. Chaque nouveau bloc contient obligatoirement la signature cryptographique du bloc précédent, de manière à créer une chaîne mathématiquement infalsifiable de toutes les transactions passées : c'est ce qu'on appelle la *blockchain*.

L'innovation majeure du Bitcoin est d'avoir instauré un système entièrement décentralisé. De la création monétaire à la vérification des transactions en passant par la garantie de sécurité globale de la chaîne, tout repose en effet sur la participation de l'ensemble des nœuds du réseau. Le consensus collectif remplace ainsi l'arbitrage d'une autorité centrale. Cette architecture unique est doublement subversive. Au niveau technologique, elle prouve que la *blockchain* est techniquement capable de se substituer à des institutions extrêmement complexes pour gouverner des transactions ou tout autre type de contrat entre des parties de manière parfaitement décentralisée. Du point de vue philosophique, elle rend caduque l'hypothèse fondamentale sur laquelle repose notre inconscient politique depuis la nuit des temps : l'idée que l'ordre ne peut être maintenu que s'il existe implicitement, entre les parties, un contrat de confiance.

La confiance et l'acte de foi qu'elle implique – par lequel on s'en remet à des pôles de pouvoir dont on accepte les règles en échange de l'ordre qu'ils sont censés garantir – sont au cœur du contrat social de l'État moderne et de la démocratie libérale. De Hobbes à Rousseau, de la Révolution française à l'État providence, c'est toujours cette confiance qui scelle le pacte de sécurité entre les citoyens et l'État, légitime la représentation démocratique, permet la redistribution des richesses et justifie la sécurité sociale. Alors que notre organisation collective est fondée sur ces actes de foi, le livre blanc du Bitcoin part du principe qu'ils incarnent sa principale faiblesse. Ce manifeste propose, au contraire, un système fondé sur la méfiance, dans lequel l'ordre entre les parties est à la fois produit et maintenu avec une certitude mathématique sans que personne n'ait à accorder sa confiance à un tiers, ni à souffrir de l'incertitude que ces actes de foi rendent inévitable. Ainsi, avant même la mise en circulation du premier bitcoin, sa logique incarne à elle seule une provocation politique et philosophique.

La politique économique du Bitcoin : décentralisation et dérégulation

Cette méfiance envers tout ce qui exige traditionnellement notre confiance, Satoshi Nakamoto ne l'a pas seulement traduite en code informatique, il l'a aussi textuellement revendiquée.

Le 9 janvier 2009, quelques mois après la publication de son article, il lance son innovant programme informatique et crée le « bloc zéro » grâce auquel les cinquante premiers bitcoins sont mis en circulation. Dans le dense fouillis de code de ce bloc fondateur, Nakamoto laisse un message, un court texte mentionnant un article paru quelques jours plus tôt : « *The Times* 03/Jan/2009 Chancellor on brink of second bailout for banks ». L'acte de naissance du Bitcoin comporte ainsi une référence forte à la crise financière de l'époque[1], à l'insolvabilité des banques et à l'incapacité des gouvernements en place à relancer l'économie. Ce message fait office de cri de ralliement : la cryptomonnaie est née pour s'opposer à ce système, pour le remplacer.

Quelques semaines plus tard, Satoshi Nakamoto publie sur un blog un article d'environ 500 mots dans lequel il justifie la création du Bitcoin. Selon lui, l'histoire des banques centrales, des dévaluations monétaires, des faillites et des crises financières démontre que ces institutions intermédiaires ne sont pas dignes de confiance, et qu'il est temps de leur substituer une cryptomonnaie décentralisée[2].

---

1. La crise des *subprimes*, née sur le marché américain à l'été 2007, débouche sur une crise financière et bancaire mondiale à l'automne 2008. Elle a provoqué environ 500 milliards de pertes pour le système bancaire.

2. Les archives des posts publiés par Satoshi Nakamoto sont disponibles sur le site nakamotoinstitute.org. L'article cité s'intitule

En 2013, ce cri de ralliement semble avoir été entendu. La croissance exceptionnelle du Bitcoin cette année-là résulte en effet d'une autre crise bancaire : celle de Chypre. Subissant de plein fouet les effets de la crise grecque, Chypre demande l'intervention de la zone euro pour refinancer sa dette. Mais le plan de sauvetage qui lui est proposé prévoit de répercuter une partie des pertes liées à la restructuration des banques sur les actionnaires et les gros épargnants[1]. L'annonce de ces mesures provoque rapidement des retraits massifs de liquidités. Ceux qui s'inquiètent de voir leur épargne ponctionnée trouvent alors dans le Bitcoin un moyen d'échapper aux saisies et aux impôts exceptionnels du gouvernement. La crypto-monnaie génère un tel engouement qu'en quelques jours, son cours est multiplié par deux. Il dépassera, quelques mois plus tard, celui de l'or. C'est un moment clé de l'histoire de cette monnaie. Non contentes de marquer une étape essentielle de sa croissance, les circonstances de la crise chypriote

« Bitcoin open source implementation of P2P currency » (11 février 2009).

1. Beaucoup ont vu dans ce plan de sauvetage européen une façon de sanctionner les banques chypriotes, soupçonnées de servir de paradis fiscaux à de grosses fortunes, notamment russes. En effet, le « bail in » proposé à Chypre protégeait les petits épargnants en garantissant tous les dépôts de moins de 100 000 euros. En revanche, il avait un fort impact sur les actionnaires des banques et les dépôts de plus de 100 000 euros.

l'ont momentanément transformé en valeur refuge, démontrant ainsi sa pertinence, et légitimant du même coup le principe de méfiance qui le fonde.

À ce moment-là, Satoshi Nakamoto a disparu de la circulation depuis longtemps[1], mais le succès du Bitcoin génère un enthousiasme grandissant pour ses idées. *Bitcoin Magazine*, créé en 2012, et se présentant comme « la principale et la plus fiable source d'information au sujet du Bitcoin », n'en parle pas seulement comme d'une monnaie mais le considère comme un « mouvement » à part entière. C'est le potentiel révolutionnaire de cette nouvelle technologie, dont certains prédisent qu'elle conduira au démantèlement du système financier international et des banques centrales, qui galvanise ses investisseurs[2]. Roger Ver[3], surnommé le « Jésus du Bitcoin »,

1. La dernière intervention de Satoshi Nakamoto est un message d'avril 2011, dans lequel il annonce à son interlocuteur, un programmeur, qu'il compte désormais « passer à autre chose ». Plusieurs journalistes se sont lancés sur ses traces et tous ont échoué à l'identifier. Personne ne sait, encore aujourd'hui, qui se cache derrière son pseudonyme.

2. « The Bitcoin Ideology », *The New York Times*, 14 décembre 2013.

3. Roger Ver est l'un des plus fervents évangélistes de la cryptomonnaie. Il fut l'un des premiers à investir dans le Bitcoin qu'il considère comme « l'une des inventions les plus importantes de l'histoire de l'humanité ». Sa fortune est estimée à 100 000 btc, soit actuellement 380 millions de dollars. Voir notamment son site personnel : www.rogerver.com.

ne cesse de répéter que la valeur financière de cette cryptomonnaie est son « aspect le moins intéressant ». La décentralisation par la technologie apparaît comme une proposition fondamentalement subversive et ouvre des perspectives politiques, économiques et sociales inédites.

Pour ses détracteurs, en revanche, la rhétorique consistant à présenter le Bitcoin comme une technologie révolutionnaire amenée à renverser les institutions et à incarner un futur étalon or demeure sans fondement. À l'épreuve des faits, le Bitcoin apparaît comme terriblement volatil. Il n'est pas un instrument fiable de mesure et de conservation de la valeur, il ne remplit donc pas la fonction première d'une monnaie. Tenant davantage de l'actif spéculatif que de la devise[1], il n'est, par conséquent, pas révolutionnaire. Il permet simplement à une poignée d'investisseurs d'accumuler davantage de capital et de le soustraire à toute forme d'impôt ou de régulation gouvernementale, grâce à l'anonymat de la *blockchain*. Il se trouve, par ailleurs, que la décentralisation technologique promise est, en pratique, toute relative. Une étude de 2018 a montré que seulement trois nœuds du réseau Bitcoin contrôlaient

1. Worstall, Tim, « Bitcoin Is More Like a Speculative Investment than a Currency », *Forbes*, décembre 2013 ; Yermack, David, « Is Bitcoin a Real Currency? », *Social Science Research Network*, avril 2014.

à eux seuls 50 % du minage de sa *blockchain*, qui dépendait dans son ensemble de moins de vingt nœuds[1]. Le réseau Bitcoin ressemble donc davantage à un oligopole qu'à la structure décentralisée exemplaire promise par le livre blanc de Satoshi. Or, la concentration du « pouvoir computationnel » dans les mains de quelques entreprises ayant développé des infrastructures destinées au minage leur confère un pouvoir important quant à l'évolution du réseau. Cette situation de monopole reproduit donc, précisément, le rapport de force centralisé que la technologie *blockchain* était vouée à rééquilibrer.[2]

Ce sont ces contradictions entre les discours emphatiques des promoteurs du Bitcoin et la réalité des cryptomonnaies (incarnant une nouvelle classe d'actifs volatils, plutôt risqués et très difficilement contrôlables par les régulateurs) qui conduisent le célèbre historien des technologies et des sciences David Golumbia à définir le Bitcoin comme un

1. Voir « Decentralization in Bitcoin and Ethereum Networks », The Initiative for Cryptocurrencies and Contracts, Cornell University, 15 janvier 2018.

2. D'après le protocole présenté par Satoshi, les mises à jour du logiciel de la *blockchain* doivent être validées par consensus par la totalité du réseau, c'est-à-dire par l'ensemble des nœuds de minage. C'est entre autres ce problème, lié au protocole de Proof-of-Work du Bitcoin, qui a conduit au développement de protocoles alternatifs, parmi lesquels le Proof-of-Stake de l'Ethereum2, et le Liquid-Proof-of-Stake de Tezos.

« logiciel politique d'extrême droite[1] ». Pour l'auteur, l'invention du Bitcoin a eu pour principal effet de populariser les idées les plus radicales de la droite néolibérale[2] et anarcho-capitaliste, ainsi que certaines théories du complot visant les banques centrales[3]. En promouvant la cryptographie et en faisant de l'anonymat une liberté fondamentale, le Bitcoin véhicule une conception très particulière de la liberté. Dans cette acception, être libre consiste essentiellement à échapper au « pouvoir » du « gouvernement », considéré comme coercitif et tyrannique par nature, conformément aux théories anarcho-capitalistes de Murray Rothbard[4] et David Friedman.

1. GOLUMBIA, David, *The Politics of Bitcoin: Software as Right-Wing Extremism*, Minneapolis, University of Minnesota Press, 2016.

2. La cryptomonnaie adopte notamment la doctrine du *free banking* de Friedrich Hayek, pour lequel la monnaie devrait être dépourvue de fonction économique. Pour l'économiste, la valeur d'une devise ne doit pas être ajustée en fonction des objectifs d'une politique économique fixée par l'État, mais résulter de la seule loi du marché, ce qui signifie, dans le cas du Bitcoin, qu'il lui faut être régulée par le protocole technologique de sa *blockchain*.

3. Voir en particulier les théories de la John Birch Society qui considèrent qu'il existe un complot par lequel la Banque centrale américaine et ses politiques monétaires sont orchestrées de façon à « piller » et « contrôler » les individus ordinaires en manipulant l'inflation (qui n'est autre qu'un impôt déguisé) de façon à servir les objectifs « secrets » des puissants.

4. Voir par exemple ROTHBARD, Murray, *L'Éthique de la liberté*, Paris, Les Belles Lettres, 2011.

La *blockchain*, ou les nouvelles frontières du marché

Néanmoins, la *blockchain* ne se résume plus au Bitcoin depuis longtemps. En 2013, Vitalik Buterin, un jeune programmeur de dix-neuf ans, tombé dans la marmite des crypto-monnaies à l'adolescence présente, dans un article, un moyen d'utiliser la *blockchain* pour coder, et donc automatiser, des contrats. Un an plus tard, il crée avec un associé[1] la *blockchain* Ethereum.

De la décentralisation à la tokénisation : la valorisation financière de l'immatériel

Les *smart contracts*[2], ou contrats intelligents, facilités par le protocole Ethereum propulsent la

1. Gavin Wood est depuis considéré comme le « père » du Web3, qu'il promeut au travers de sa fondation, Web3 Foundation, et de la seconde *blockchain* qu'il a créée depuis, Polkadot.

2. Dans l'article de Vitalik Buterin présentant les principes de la *blockchain* Ethereum, « Ethereum: The Ultimate Smart Contract and Decentralized Application Platform », un contrat intelligent est défini comme une entité automatisée, créée sur le réseau de la *blockchain*, qui possède une adresse (comme s'il s'agissait d'un individu ordinaire) où est stocké un montant de cryptomonnaie prédéfini. Le contrat intelligent est programmé pour ne s'activer qu'au moment où une autre entité lui envoie une transaction. À ce moment-là, il opère ce pour quoi il a été programmé (comme échanger les cryptomonnaies qu'il possède en contrepartie d'un service reçu), et une fois que les deux parties ont rempli leur part

croissance de l'industrie. Les opportunités de développement de ces contrats sont si nombreuses que les *blockchain* se multiplient, chacune proposant son propre protocole de contrats intelligents et, bien sûr, sa propre cryptomonnaie. La finance décentralisée, les entreprises autonomes décentralisées (DAC), les NFT, la tokénisation, le métavers, mais également la gestion logistique des chaînes de production et de livraison par la *blockchain* sont autant d'applications de ces contrats intelligents. Le principe est toujours le même : garantir, grâce à la technologie, l'authenticité et la sécurité des transactions en éliminant toute forme d'intermédiaire, et donc de coût, de lourdeur administrative et d'incertitude.

La finance décentralisée (ou *DeFi* pour *decentralized finance*), qui a boosté le cours des cryptomonnaies en 2020, permet par exemple de contracter des prêts en monnaie numérique, ou de prêter soi-même son épargne en échange d'intérêts sans passer par une banque. La transaction entre prêteur et emprunteur est entièrement automatisée et gérée par un contrat intelligent sur la *blockchain*. Il est également possible d'investir dans des actions « réelles » (Tesla,

---

du contrat, il se désactive. Une fois qu'un tel contrat est mis en ligne, il est impossible d'en modifier les paramètres ou d'en annuler l'exécution, à moins qu'il y ait un consensus de l'ensemble des acteurs du réseau mondial. Cela fait de la *blockchain* un outil extrêmement résistant à toute forme d'attaque ou de corruption pour ce qui est de l'exécution des contrats.

Apple, Coinbase, etc.) *via* la *blockchain*, en achetant en cryptomonnaie un *token* indexé sur le cours véritable des actions cotées, et permettant en théorie à son propriétaire d'exercer un droit de vote, comme s'il détenait une action traditionnelle[1].

De manière générale, la deuxième génération de la *blockchain*, qui a émergé avec les contrats intelligents, se caractérise par ce phénomène de *tokénisation*. Un *token* (jeton en français) est un fichier numérique crypté qui permet de valoriser un actif (matériel ou immatériel) et les droits qui lui sont associés. Après les actifs financiers fongibles[2], ce sont les actifs non fongibles qui ont été tokenisés : les fameux NFT.

Le premier NFT date de 2014, mais ce marché n'a véritablement explosé qu'en 2021. Les NFT permettent de donner une valeur financière et un caractère unique (c'est-à-dire des *droits*) à des actifs purement virtuels. Le premier NFT, *Quantum*, a été créé au New Museum de New York : Kevin McCoy et Anil Dash ont créé une œuvre d'art numérique, un

1. Il y a néanmoins débat sur la nature exacte des actions tokenisées et des droits de votes associés. Voir à ce sujet « Les fausses promesses des actions tokenisées de Binance », *Les Échos*, 28 avril 2021.

2. Un actif dit « fongible » est un actif qui peut être échangé ou remplacé par un autre, de même nature. L'huile, le sel, l'or, un billet de banque, une pièce de monnaie sont des actifs fongibles. Une œuvre d'art, à l'inverse, est non fongible, elle est unique, et n'est donc pas interchangeable.

hexagone irradiant des couleurs psychédéliques, et ont utilisé la technologie *blockchain* pour « signer » leur œuvre grâce à une empreinte cryptographique indélébile, infalsifiable et unique, qui permet de la vendre et de garantir à tous ses futurs propriétaires son authenticité. Sept ans plus tard, le 29 juin 2021, *Quantum* a été vendu pour 1,47 million de dollars chez Sotheby's. Entre-temps, l'engouement pour le NFT est né. Ses œuvres les plus emblématiques, les *cryptopunks*, sont des portraits grossièrement pixellisés de personnages inspirés par l'univers cyberpunk des romans de William Gibson, et générés par une intelligence artificielle. Ces 10 000 images ont été distribuées gratuitement aux utilisateurs de la *blockchain* Ethereum en 2017, et ont progressivement gagné le statut de symbole du *cryptoart*, jusqu'à être valorisées à des prix exorbitants. Quelques jours avant la vente de *Quantum* chez Sotheby's, les *cryptopunks* #7523 et #7804 ont été vendus respectivement pour 11,7 et 7,5 millions de dollars.

Si l'engouement pour ces images aux couleurs criardes peut laisser perplexe, le cryptoart ne représente que l'un des usages des NFT. En l'occurrence, il serait trompeur de réduire le NFT à un marché de l'art numérique, car son utilité va bien au-delà. En effet, le NFT est un moyen de donner à n'importe quel « objet » immatériel un caractère « réel ». En lui attribuant une valeur, une rareté et des droits de propriété, le NFT ne donne pas seulement à l'objet virtuel qu'il incarne une importance symbolique, il le fait *exister*, au sens le plus concret du terme. Le NFT du premier tweet publié par le fondateur de Twitter[1], Jack Dorsey, est un bon exemple : il ne s'agit pas ici d'authentifier la singularité d'une œuvre d'art numérique, mais de marquer symboliquement un événement considéré comme historique. Ce NFT donne à une « trace numérique » une épaisseur archivistique. Ce qui était jusqu'alors purement virtuel, et appartenait à un cyberespace qu'on a longtemps considéré comme un univers parallèle résolument distinct de notre monde matériel, devient une matière parlante et productrice d'une réalité historique. Le NFT du tweet de Jack Dorsey prouve que nos actions virtuelles sont performatives, et que ce qui se passe sur Internet transforme *réellement* le monde et son histoire. L'acheteur de ce fameux tweet en est en tout cas convaincu, puisqu'il considère la naissance de Twitter comme un événement comparable, pour l'histoire de l'humanité, à la peinture de *Mona Lisa* par Léonard de Vinci.

En bref, ce phénomène de tokénisation tend à créer une équivalence de valeur, une égalité symbolique

---

1. Ce NFT a été particulièrement médiatisé en raison de son prix. Il a en effet été acheté pour 2,9 millions de dollars par Sina Estavi, le PDG de Bridge Oracle, une entreprise spécialisée dans la *blockchain*. À titre de comparaison, une lettre manuscrite de Napoléon Ier adressée à son futur mémorialiste, le comte de Las Cases, a été vendue pour 325 000 euros en 2012.

entre la sphère virtuelle et la réalité. Or, c'est précisément l'indistinction entre ces deux univers qui ouvre la voie à la marchandisation du cyberespace, où tout peut alors être transformé en actif au prétexte de sa valeur singulière, et où l'existence virtuelle elle-même devient consommable et aussi chère que la vie réelle.

Le métavers-blockchain, *ou l'hyper-marchandisation du cyberespace*

C'est dans l'industrie du jeu vidéo que cette logique de marchandisation par la *blockchain* apparaît le plus clairement. Par bien des aspects, ce secteur offre, en effet, un point d'observation privilégié pour comprendre l'intérêt et les effets de la décentralisation promise par la *blockchain*. Non seulement les jeux vidéo ont été pionniers en matière de NFT, mais ils sont aussi les premiers à avoir engagé une transition vers le métavers[1] décentralisé. L'industrie du jeu vidéo incarne donc une sorte d'avant-garde

1. Pour l'instant, les seuls métavers qui existent sont des interfaces de jeu vidéo. L'ambition d'un métavers est d'offrir aux joueurs une expérience qui dépasse largement le cadre d'un jeu vidéo traditionnel. Ainsi, en plus des habituels méchants à combattre et des points à gagner, les métavers permettent aux joueurs d'assister à des concerts donnés en direct par des vraies stars de la pop ou du rap (comme c'est le cas sur *Fortnite* ou *Roblox*), de visiter des espaces commerciaux, d'échanger avec d'autres joueurs par l'intermédiaire de leurs avatars, ou d'investir eux-mêmes une île déserte…

du « Web3 ». Elle offre un premier aperçu de cette transformation d'Internet annoncée par la *blockchain*, censée libérer les utilisateurs de l'influence des services centralisés du Web 2.0[1] grâce à l'autonomie totale des plateformes et applications numériques.

Or, la première chose qui saute aux yeux en étudiant ce secteur, c'est que la décentralisation ne lui apporte quasiment rien. Le jeu *Second Life*, immersif, évolutif et en tout point précurseur des métavers actuels, permettait déjà, en 2003, d'acheter des objets immatériels et de les payer en monnaie virtuelle sans NFT, sans cryptomonnaie et sans *blockchain*. De même, les jeux *Fortnite* et *Roblox*, développés par des plateformes centralisées, prouvent que l'on peut très bien se passer de *blockchain* pour développer des métavers extrêmement séduisants. Certes, les joueurs de *Fortnite* doivent « accorder leur confiance » à son concepteur, Epic Games, qui garantit la sécurité de leurs données et de leurs avoirs sur sa plateforme. Certes, le protocole de la *blockchain* apporte à ces joueurs davantage de sécurité pour leurs transactions financières au sein du jeu. Mais, en dehors de ces considérations sur l'« indépendance » et la « liberté » des joueurs dont la valeur ajoutée est discutable,

1. Le Web 2.0, aussi appelé « Web social », fait référence aux techniques et usages qui ont rendu le Web plus interactif, notamment avec l'apparition de plateformes participatives, de blogs, de wikis (qui s'appuient sur l'intelligence collective), et des premiers réseaux sociaux.

l'intérêt d'une transition vers la *blockchain* n'a rien d'évident pour l'industrie du jeu vidéo[1].

Comment expliquer alors cet engouement pour les nouveaux jeux décentralisés ? Précisément parce que, grâce à la *blockchain* et aux NFT, ces métavers dépassent largement l'univers du jeu et deviennent de véritables plateformes d'investissement, voire des méta-économies parfaitement fonctionnelles. *Decentraland*, *The Sandbox*, *Axie Infinity*, *Star Atlas* ne gardent, en effet, du jeu vidéo que l'esthétique colorée de leurs univers virtuels : leur succès ne repose pas sur les joueurs, mais sur cette masse de nouveaux utilisateurs attirés par les opportunités économiques liées à la tokénisation du métavers. Dans une veine tragicomique, l'histoire des habitants de la communauté rurale de Cabanatuan aux Philippines, sauvés de la crise économique du Covid-19 par le jeu *Axie Infinity* grâce auquel ils ont gagné en cryptomonnaie des revenus bien plus élevés que leurs salaires pré-pandémie[2], illustre bien

1. Les promoteurs de la *blockchain* insistent par ailleurs sur la « liberté » qu'elle apportera aux joueurs avec le Web3. Grâce aux NFT, quand Internet fonctionnera tout entier sur la *blockchain*, les joueurs seront propriétaires de leurs artefacts virtuels et pourront donc les transférer d'un jeu à un autre sans dépendre d'aucune plateforme ni accorder leur confiance à aucun tiers. L'argument est un peu plus convaincant, mais reste hypothétique.

2. Voir *Play-to-Earn: NFT Gaming in the Philippines* disponible sur YouTube, mars 2021. Inspiré des Pokémons et des Tamagoshis

la logique de *play-to-earn*[1] rendue possible par la *blockchain*[2].

Mais le phénomène est bien plus profond : la tokénisation transforme en effet le cyberespace en un marché potentiellement infini. Lorsque le club de football de Manchester City décide de reconstruire à l'identique son stade dans le métavers, c'est évidemment pour offrir aux supporters la possibilité d'assister aux matchs « comme s'ils y étaient », mais c'est aussi pour vendre aux spectateurs virtuels des NFT de marchandises ou de places dans le stade qui n'auraient jamais existé sans le métavers. Le Paris-Saint-Germain y a d'ailleurs déjà déposé sa marque, pour pouvoir vendre ses collections d'accessoires et de vêtements virtuels aux avatars de ses supporters. Dans le même esprit, Nike a déposé un

---

du siècle dernier, le jeu *Axie Infinity* consiste à s'occuper de petits animaux mignons (des « axies »), à faire en sorte qu'ils se reproduisent (comme si on en faisait un élevage), et à s'assurer qu'ils survivent aux disputes et aux attaques. Ces axies sont tous uniques – ce sont, bien évidemment, des NFT – et ils peuvent donc être échangés contre des cryptomonnaies. Plus il y a de joueurs, plus le prix de ces axies augmente. Les primo-entrants ont dans certains cas gagné beaucoup d'argent grâce à leur élevage d'axies.

1. Littéralement, « jouer pour gagner de l'argent ».

2. Un métavers décentralisé possède forcément sa propre cryptomonnaie. Les gains réalisés dans le jeu sont donc très liquides, immédiatement échangeables. Dans le cas de *Axie Infinity*, cela a en outre permis aux joueurs de bénéficier de la tendance à la hausse du marché des cryptomonnaies.

brevet qui lui permet d'attribuer à chaque paire de baskets un NFT utilisable dans le métavers. Mais l'exemple le plus significatif de cette mutation des univers virtuels en actifs spéculatifs reste celui du « marché immobilier virtuel ». Dans les métavers de *The Sandbox* et *Decentraland* notamment, le cyberespace est divisé en parcelles dont on peut acheter la propriété grâce aux NFT. En 2021, les ventes de ces terrains virtuels représentaient ainsi 500 millions de dollars. Elles devraient doubler en 2022. À titre d'exemple, le groupe Carrefour a acheté le NFT d'une parcelle de *The Sandbox* pour un peu moins de 300 000 euros.

Le Web3, emblème d'une société de marché radicale

L'aspect ludique des métavers-*blockchain* détourne aisément l'attention de leur structure économique. C'est d'ailleurs ce qui s'est passé à l'automne 2021 lorsque Mark Zuckerberg a annoncé son ambition de transformer Facebook en métavers. Le futurisme puéril de sa vidéo présentant des hologrammes, des avatars fantastiques et des réunions virtuelles organisées dans des navettes spatiales a donné du métavers une image trompeuse, l'assimilant à un nouveau genre de réseau social hyper-immersif, mais sans grand intérêt. Or, en dépit de ce que ce clip de lancement semble suggérer, le caractère révolutionnaire du métavers n'a rien à voir avec les progrès hypothétiques des technologies de réalité virtuelle ou augmentée, et Mark Zuckerberg en est parfaitement conscient. S'il a investi plus de 10 milliards de dollars en 2021 pour financer la transition de Facebook vers le métavers[1], c'est pour saisir l'immense opportunité que représente la révolution économique portée par la *blockchain*, et tirer profit des nouveaux marchés qui résultent de la tokénisation des univers virtuels. C'est d'ailleurs en ces termes qu'il justifie sa nouvelle orientation stratégique dans la lettre publique qu'il adresse aux investisseurs. Le métavers, écrit-il, permettra de « générer une activité économique massivement plus importante que celle qui est aujourd'hui permise par l'économie de plateforme et ses régulations[2] ».

Or, la logique économique d'hyper-marchandisation des métavers laisse présager un Web3 beaucoup moins libre que ses promoteurs veulent bien l'entendre. Alors que la *blockchain* est censée « sauver » Internet de l'influence et du « pouvoir arbitraire » des puissantes plateformes du Web 2.0

---

1. Isaac, Mac, « Meta Spent $ 10 Billion on the Metaverse in 2021, Dragging Down Profits », *The New York Times*, 2 février 2022.

2. Zuckerberg, Mark, « Founder's Letter, 2021 », *Meta*, 28 octobre 2021.

(dont Facebook / Meta)[1], ses applications actuelles annoncent, au contraire, un cyberespace potentiellement plus excluant que celui que nous connaissons aujourd'hui. Si on imagine le Web3 comme un enchevêtrement de métavers décentralisés dans lesquels on pourra déambuler librement (comme on passe aujourd'hui d'un site web à un autre), alors la tokénisation des parcelles de cyberespace, des avatars, des stades virtuels et des maillots de supporters suggère que le droit d'exister dans cet Internet du futur pourrait se payer cher. Si le terrain virtuel de Carrefour devient l'équivalent de son site web (c'est-à-dire un lieu pour faire ses courses ou se tenir informé des projets de la marque), si le marché de l'immobilier virtuel continue d'attirer les investissements spéculatifs, s'il faut payer sa place dans un stade virtuel, acheter une garde-robe pour son avatar, louer une salle de réunion sur le métavers de Zoom : en bref, si l'Internet décentralisé fonctionne comme un marché parfaitement dérégulé où tout s'achète et se vend en fonction de l'offre et de la demande, alors le Web3 promet de substituer à l'« autorité arbitraire » des plateformes d'aujourd'hui celle, bien plus implacable, de la loi du marché.

1. C'est en ces termes que Gavin Wood, considéré comme le « père » du Web3, présente la *blockchain* dans son entretien avec Gilad Edelman : « The Father of Web3 Wants You to Trust Less », *Wired*, 29 novembre 2021.

Pour les promoteurs du Web3 la libre concurrence, aussi rude soit-elle, vaut mieux que la contrainte exercée par une autorité illégitime. Gavin Wood[1], l'un des personnages les plus influents dans l'univers de la *blockchain*, n'a de cesse de la présenter comme la première technologie qui ne « concentre pas le pouvoir, mais le distribue ». La décentralisation technologique encouragée par la *blockchain* devient alors une mesure de justice sociale : elle permet à n'importe qui de participer librement au développement du logiciel *blockchain*, elle offre à tous la possibilité de créer ses applications, de mettre en ligne ses NFT personnels, de développer ses propres services ou d'utiliser ceux des autres sans jamais dépendre d'aucune plateforme, d'aucun service ou d'aucun tiers… Lorsque le journaliste de *Wired* l'interrompt pour suggérer que cette décentralisation reste néanmoins théorique (car les utilisateurs ordinaires sont loin d'avoir les savoir-faire nécessaires en codage ou en programmation informatique) et qu'il est donc probable que le Web3 ne conduise qu'à une redistribution des cartes en transférant le pouvoir des mains de quelques entreprises aux mains de quelques programmeurs, Wood lui oppose l'argument du mérite, et expose la vision

1. Co-fondateur de la *blockchain* Ethereum qui a permis le développement des *smart contracts* et du métavers, Gavin Wood a inventé le terme « Web3 » qu'il a ensuite mis en avant grâce à sa fondation et la *blockchain* Polkadot qu'il a également créée.

profondément néolibérale qui sous-tend son projet. Il suffit de « faire l'effort » d'apprendre la programmation pour devenir un acteur de la *blockchain*. Le code informatique, insiste-t-il, est un langage qu'un adolescent pauvre du cœur de l'Inde peut apprendre en une semaine à l'aide d'un ordinateur quelconque. Wood régurgite la *doxa* du marché libre selon laquelle, dans une société parfaitement dérégulée, les gagnants méritent leur place car ils ont réussi à tourner la situation initiale (similaire pour tous) à leur avantage. La *blockchain* fait la même promesse à ses utilisateurs : sans imposer aucune autorité centralisée, elle donne à tous les membres du réseau la même opportunité d'en tirer profit.

Vitalik Buterin s'est récemment inquiété, dans une interview pour le *Time*, du « potentiel dystopique » de la *blockchain*[1]. Il a même regretté qu'elle devienne une technologie « de droite », enrichissant une poignée d'individus ou d'acteurs économiques malveillants. Considéré comme un porte-parole mesuré et clairvoyant de la *blockchain*, Buterin est en effet prolixe au sujet de la décentralisation et de ses possibles applications. De la « blockchainisation » des villes intelligentes à la redistribution d'un revenu universel par la *blockchain*, il souhaite que cette dernière soit un outil au service de la transformation sociale, et

1. « Ethereum's Vitalik Buterin Is Worried About Crypto's Future », *Time Magazine*, mars 2022.

non du profit. Cependant, la « décentralisation radicale » qu'il prône repose entièrement sur l'hypothèse que toute autorité est une entrave à l'indépendance, et qu'une organisation libre peut uniquement être gouvernée par un ensemble de règles formelles et transparentes. Il n'est donc pas surprenant que Buterin ait co-écrit avec Glen Weyl, un économiste ultra-capitaliste à l'origine de la théorie des « marchés radicaux[1] », un article dans lequel il appelle à s'affranchir de tous les monopoles, économiques et bureaucratiques[2].

Il y a donc de quoi s'interroger – ou de quoi rire – lorsque Gavin Wood conclut, l'air grave, que la *blockchain* représente aujourd'hui « le seul espoir de préserver la démocratie libérale ». Car la *blockchain* a jusqu'à présent promu un solutionnisme technologique à la fois anti-étatique et antidémocratique, une gouvernance décentralisée au sein de laquelle l'égalité formelle des membres du réseau est assujettie à une

---

1. POSNER, Eric et WEYL, Glen, *Radical Markets: Uprooting Capitalism and Democracy for a Just Society*, Princeton, Princeton University Press, 2018. La théorie des marchés radicaux suggère que les monopoles économiques actuels mettent le libéralisme en péril. Pour sauver la société du socialisme, il faut donc la refonder sur une économie de marché bien plus radicale qui redéfinisse notamment le droit de propriété et le droit de vote, afin de garantir une efficacité maximale dans l'allocation des ressources.

2. BUTERIN, Vitalik et WEYL, Glen, « Liberation Through Radical Decentralization », 21 mai 2018.

conception profondément discriminatoire de l'ordre et de la justice sociale. Bienvenue dans un nouveau millénaire où « ceux qui seront capables d'être à la hauteur des opportunités offertes par la technologie deviendront les champions », tandis que « les autres seront condamnés à dépérir dans la poussière »[1].

1. Winner, Langdon, « Cyberlibertarian Myths and the Prospects for Community », *Computers and Society,* vol. 27, n° 3, 1997.

LE POUVOIR POLITIQUE
DE L'INDUSTRIE NUMÉRIQUE

Google n'aurait jamais pu naître en France

Octobre 2018, Midtown Manhattan

C'est un soir de gala qui tranche avec la modeste routine de ma vie de doctorante à Harlem. La fondation Sciences Po Amérique organise sa levée de fonds annuelle auprès de ses donateurs new-yorkais : un cocktail suivi d'un dîner dans un grand hôtel du quartier d'affaires de Midtown, avec Eric Schmidt comme invité d'honneur.

Entre le hors-d'œuvre et le plat de résistance, l'ancien PDG de Google monte sur l'estrade et prononce un discours rodé, fluide et percutant. La technologie a le pouvoir de changer le monde et de régler tous les problèmes de notre époque. Des algorithmes dirigeront bientôt les migrants vers les régions du globe où un emploi adapté à leurs qualifications les attendra. L'intelligence artificielle résoudra la crise de l'emploi liée à l'automatisation des métiers non qualifiés en orientant les travailleurs vers une reconversion efficace. Des modèles prédictifs de science climatique pourront anticiper les catastrophes naturelles et préserveront ainsi des ressources et des vies. L'humanité relèvera tous les grands défis qui l'attendent à l'aide de la technologie à condition que les régulations obsolètes et les lourdeurs bureaucratiques ne viennent pas freiner son développement[1].

Ces idées ressemblent aux utopies technologiques dont Stewart Brand a été le porte-parole. Elles prônent l'avènement d'un monde sans politique où, grâce aux progrès de la science, toutes les décisions seraient prises par la raison pacifique et éminemment plus efficace d'une « machine intelligente[2] ». Raillé dans la presse tech pour ses costumes informes et ses lunettes rondes, Schmidt n'a pas l'air d'un hacker de la contre-culture[3]. Mais il partage visiblement avec

---

1. « Sciences Po US Foundation Gala, Annual Benefit Dinner honoring Eric Schmidt », YouTube, 11 octobre 2018.

2. TURNER, Fred, *From Counterculture to Cyberculture*, Chicago, University of Chicago Press, 2008.

3. Eric Schmidt est ingénieur et programmeur de formation, mais il est surtout un homme d'affaires. Les investisseurs de chez Google l'ont recruté car ils souhaitaient mettre un manager aguerri à la tête de l'entreprise qui n'était alors qu'une start-up déficitaire. Schmidt a donc incarné pour Google le pragmatisme du marché. La légende veut même que ses jeunes collègues l'aient surnommé « contrôle parental » à son arrivée. Schmidt est celui qui a réussi à monétiser le joyau brut fondé par Sergey Brin et Larry Page, à

eux la même foi dans la supériorité de la science et la même méfiance à l'égard de la bureaucratie.

Il enrobe cependant ces idées du vernis politiquement correct de l'époque, avec la verve et l'enthousiasme dont les orateurs américains ont le secret. Devant le parterre de donateurs et d'étudiants de Sciences Po, il enjoint à l'optimisme, balaie d'un revers de main les réticences. Schmidt proclame qu'il faut toujours comparer les risques d'une technologie à ses potentiels *bénéfices*, que l'intelligence artificielle peut offrir des *opportunités* immenses à nos futurs dirigeants, dont le rôle, rappelle-t-il, est de promouvoir le progrès de la science pour le bien de l'humanité.

Tonnerre d'applaudissements. Rapidement, les micros circulent parmi les tables pour lancer une conversation informelle avec l'invité. Au ton des questions, je reconnais cette touche d'arrogance française, cet idéalisme qui refuse de céder face au pragmatisme entrepreneurial, et ce scepticisme critique et un peu chauvin qui me manquent tant depuis que je vis à New York. Que faites-vous de la défiance qui s'est installée entre les gouvernements et les entreprises de la tech ? N'est-il pas temps de

---

transformer le meilleur moteur de recherche jamais créé (dont le *New York Times* se demandait, en 2000, s'il serait un jour rentable) en un géant du numérique capitalisé aujourd'hui à plus de 1 000 milliards de dollars.

faire une analyse approfondie de la transformation numérique, et d'évaluer ses profits en tenant compte de ses conséquences économiques sur les classes les plus défavorisées ? Eric Schmidt se prête au jeu. Il a de l'humour et des idées fermes. Avec un sens acéré de la provocation, il rétorque à l'étudiant qui pointait la défiance croissante des gouvernements envers les grandes entreprises de la tech : « *Nobody's forcing you to use Google... But you need it*[1]. » La salle répond par un éclat de rire.

Schmidt conclut par un mot sur l'Europe. Débordant de talents mais mal financée, elle n'enfantera malheureusement jamais, dans ces conditions, d'innovation susceptible de lui assurer une place dans le monde de demain.

L'événement remporte un succès record : les donations pour Sciences Po s'élèvent à plus de 400 000 dollars ce soir-là. Eric Schmidt ne reste pas pour le dîner, il a un avion à prendre. Il fend la salle d'un pas pressé après avoir posé son micro au pied de l'estrade. On nous raconte alors qu'il pilote lui-même son jet privé – *he is « literally » flying*.

1. Ce paradoxe, qui consiste à présenter la transformation numérique sous le faux jour du libre consentement (« *nobody is forcing you* ») tout en insistant sur le fait que nous n'avons en réalité pas d'autre option (« *but you need it* ») illustre parfaitement la façon dont le progrès technologique nous dépossède de la possibilité de choisir son utilisation et de juger de ses effets.

*

Il fallait de l'audace (ou peut-être de l'indifférence), pour venir proclamer, à Sciences Po, la fin de la politique et l'obsolescence des sciences sociales qui la servent, ces fictions inopérantes datant d'un monde révolu. Platon *cancelled* par le Big Data... Eric Schmidt a prédit un avenir dans lequel nos gouvernants seront cantonnés à des rôles d'exécutants de décisions prises par une poignée d'entreprises de la Big Tech. Et il a si bien tourné son propos que personne ne s'en est offusqué.

En somme, Schmidt a asséné l'idée, mille fois reformulée depuis le *Whole Earth Network*, d'un remplacement inévitable du pouvoir politique par une forme de gouvernance numérique. Tout son discours peut se lire comme une invitation à céder aux avances cavalières des Gafam en transférant notre souveraineté à ces nouveaux Leviathan de la Silicon Valley capables, eux, de nous faire « prendre le train » du Progrès tout en nous protégeant de l'ingérence des technologies chinoises.

Enfin, il a développé un argumentaire bien connu qui lie étroitement la capacité d'innovation d'une société à la mise en place d'une économie ultralibérale. Eric Schmidt a rappelé que la plupart des start-up qui changeaient le monde aujourd'hui étaient nées au sein d'universités américaines et chinoises. Il était convaincu qu'il n'y avait rien de plus important que donner sa chance au talent et à la puissance créatrice de la jeunesse. Mais pour cela, il fallait être *libres* de chercher des financements pour les projets méritants, de mettre en place des partenariats avec des entreprises ou des laboratoires de recherche, d'agir vite sans s'empêtrer dans la lourdeur des procédures administratives. Or, l'université française, dépendante des pesantes administrations de l'État, ne laissait pas vraiment sa chance au talent. Google n'aurait jamais pu naître en France.

4.

Le pouvoir de l'industrie numérique, ou la destitution du politique

L'intervention d'Eric Schmidt est un concentré de ce qui suscite aujourd'hui le débat au sujet de la technologie. L'assertivité de son discours fait résonner presque aussi fort les choses qu'il ne dit pas. Lorsqu'il affirme le potentiel transformateur de l'industrie numérique et l'importance de développer l'innovation dans ce domaine, on perçoit la force de ses lobbys, et l'enjeu que représente cette mutation pour la souveraineté des nations européennes. Tout y est. Tout suggère l'œuvre d'un lobbyiste hors pair[1], capable de dissimuler l'ambition d'un pouvoir immense et tutélaire derrière le ton bienveillant d'une rhétorique progressiste. Mais avant même que son public ait eu le temps d'y penser, Schmidt s'est déjà envolé,

1. En tant que membre du département de politique publique de Google et ancien proche de l'administration Obama, Eric Schmidt est rompu à l'exercice.

comme s'il incarnait lui-même la cadence infernale du progrès.

Or, ce pouvoir de l'industrie numérique, dont Eric Schmidt est un porte-parole si habile, a peu à peu été identifié et férocement critiqué. On a en particulier reproché à une poignée d'entreprises de la Silicon Valley d'instrumentaliser l'informatique et de corrompre le progrès technologique pour servir des intérêts égoïstes et purement financiers, au détriment de la démocratie. Ainsi, Shoshana Zuboff[1] a exposé la cupidité et « l'anti-humanisme » du modèle économique de Google[2], Kate Crawford[3] s'en est prise aux « architectes de l'intelligence artificielle contemporaine » qui constituent, selon elle, « un petit groupe homogène de personnes, habitant dans les mêmes villes, travaillant pour l'industrie la plus affluente au monde »[4], Diana Filippova[5] a pointé du doigt ces « technologies qui éclosent dans l'étroite portion de terrain que l'on connaît aujourd'hui sous le nom de

1. Shoshana Zuboff est professeure émérite à la Harvard Business School.

2. ZUBOFF, Shoshana. *Surveillance Capitalism*, New York, Basic Books, 2019.

3. Kate Crawford est directrice de l'institut de recherche sur l'intelligence artificielle AI Now de l'université de New York.

4. Crawford, Kate, *Atlas of Ai: Power, Politics, and the Planetary Costs of Artificial Intelligence*, Santa Barbara, Yale University Press, 2021. La citation est extraite de l'introduction, p. 13.

5. Diana Filippova est essayiste. Elle est à l'origine du concept de « technopouvoir polyphonique ».

baie de San Francisco »[1], enfin, Evgeny Morozov[2] a condamné « l'idéologie solutionniste de la Silicon Valley[3] ».

Toutes ces critiques, aussi différentes soient-elles dans leurs méthodes et leurs objets, se rejoignent néanmoins autour d'un même constat : l'industrie numérique est la source d'un nouveau pouvoir qui ferait peser une menace structurelle inédite sur la démocratie et ses valeurs[4].

Des pratiques disruptives comme stratégie politique

Éric Sadin propose une définition limpide de ce supposé « pouvoir » de l'industrie numérique :

---

1. Filippova, Diana, *Technopouvoir. Dépolitiser pour mieux régner*, Paris, Les liens qui libèrent, 2019.

2. Evgeny Morozov est chercheur. Il est le promoteur d'une réorientation du progrès technologique d'inspiration socialiste.

3. Morozov, Evgeny, *To Save Everything, Click Here*, New York, PublicAffairs, 2014.

4. Ce constat est largement partagé. Voir par exemple Howard, Philip N., « Deep Democracy, Thin Citizenship: The Impact of Digital Media in Political Campaign Strategy », *The Annals of the American Academy of Political and Social Science*, vol. 597, 2005 ; Longford, Graham et Patten, Steve, « Democracy in the Age of the Internet », *University of New Brunswick Law Journal*, vol. 56, 2007.

> Ce que je nomme *technopouvoir*, écrit-il dans *La Vie algorithmique,* ce sont les entreprises des technologies numériques et du traitement des données, dont les innovations contribuent à déterminer la forme de nos sociétés autant qu'une large part de la cognition et de l'activité humaine […]. La puissance du *technopouvoir* ne cesse de s'accroître et affaiblit, en parallèle, nombre de prérogatives historiquement dévolues au pouvoir politique[1].

En somme, le pouvoir de l'industrie numérique est profondément lié à l'influence déterminante que les innovations technologies exercent en s'introduisant dans la sphère publique. Autrement dit, l'industrie technologique déploie un arsenal de stratégies et de moyens pour imposer des produits socialement transformateurs avant que les pouvoirs politiques n'aient le temps ou les moyens de l'en empêcher.

C'est le célèbre *credo* de Mark Zuckerberg : *move fast and break things*, qui se traduit dans la sphère publique par ce qu'on pourrait appeler une « absence totale de courtoisie ». En effet, ni Airbnb, ni Uber, ni Lime n'ont pris la peine de « frapper à la porte » avant d'entrer dans les villes. Ces entreprises s'y sont précipitées, ont « tout cassé » et ont ensuite négocié avec les autorités locales, une fois que l'adoption de leurs services avait créé

1. SADIN, Éric, *La Vie algorithmique. Critique de la raison numérique,* Paris, L'Échappée, 2015.

une demande suffisante pour qu'elles justifient leur activité par l'intouchable loi du marché. Shoshana Zuboff, qui a baptisé cette technique « la doctrine de l'inévitabilisme », la considère comme l'une des manifestations les plus évidentes du « capitalisme voyou », le symptôme d'un « néolibéralisme arrogant ». Elle dénonce sa volonté affichée de déjouer systématiquement les lois, de se placer au-dessus de la puissance publique en la soumettant au *diktat* du marché. Mise en pratique, la doctrine de l'inévitabilisme consiste donc à faire le pari qu'une fois présents dans la rue, les VTC sembleront *effectivement* indispensables.

Systématiquement, ces innovations disruptives prennent de court les pouvoirs publics et modifient le paysage économique, urbain, social avant qu'on ait pu anticiper leurs effets. Uber a ainsi bouleversé le secteur des transports[1] pourtant structuré par un corporatisme très puissant. Suite aux protestations des chauffeurs de taxi et après de longues négociations une loi a finalement été votée en 2016, soit cinq ans après l'implantation d'Uber en France, pour réguler le transport public particulier de personnes[2]. Entré sur le marché parisien en 2012, Airbnb a commencé

1. « Enquête : Transports, plates-formes : comment l'arrivée d'Uber en France, il y a dix ans, a tout bouleversé ? », *Le Parisien*, 5 décembre 2021.

2. Cette loi est connue sous le nom de « loi Grandguillaume ».

à attirer l'attention de la législation en 2015 lors d'un premier procès opposant la mairie de Paris à un propriétaire. Les règles imposées par la suite pour réguler les locations touristiques n'ont cependant été validées par la Cour de cassation qu'en 2021. Entre-temps, le nombre de logements parisiens recensés sur le site d'Airbnb est passé de 3 000 à 60 000, dénaturant ainsi des quartiers entiers de la capitale et le centre historique de nombreuses villes européennes[1]. Plus récemment, les trottinettes en libre service mises en circulation au printemps 2018 par les start-up américaines Lime, puis Bird ont brièvement transformé Paris en « capitale mondiale de la trottinette électrique ». Face aux trottoirs encombrés, à la multiplication des accidents et aux protestations des riverains, la municipalité a finalement pris des mesures pour encadrer les nouvelles pratiques de micromobilité. Des vélos électriques en libre service sont apparus dans la foulée, et, en moins de deux ans, le paysage urbain a été partiellement recomposé de façon à accueillir ces nouveaux véhicules. Enfin, l'explosion des *dark kitchens* et *dark stores*[2] a conduit des associations de riverains excédés par le « bal de

1. « L'Airbnbisation menace les centres-villes européens », *Le Figaro immobilier*, 17 août 2017 ; « With Vacation Rentals Empty, European Cities See a Chance to Reclaim Housing », *The New York Times*, octobre 2020.

2. Il s'agit de ces cuisines et supérettes fantômes créées uniquement pour la livraison de repas et de courses.

livreurs » et les nuisances olfactives et sonores à porter plainte partout en France[1]. En plus de précariser l'emploi[2], cette nouvelle version des plateformes de livraison a donc des conséquences majeures sur la qualité de vie des habitants, comme en témoignent les commerçants et élus qui « craquent » face aux nuisances provoquées par l'implantation de ces cuisines fantômes.

Or, la gestion des potentiels effets indésirables de ces innovations disruptives est d'autant plus compliquée qu'elles ne résultent pas d'un choix politique. Pour chacun de ces exemples, la transformation de l'environnement, de l'aménagement urbain, ou des pratiques de consommation et de travail est entièrement insufflée par le marché, ce qui la rend, en apparence au moins, d'autant plus inévitable.

Cependant, lorsque ces pratiques disruptives rencontrent une résistance, ou que la doctrine

---

1. « Boom des *dark kitchens* : à Paris, le bal des livreurs fait craquer riverains, commerçants et élus », *Le Parisien*, 24 janvier 2022 ; « Toulouse. Des riverains envisagent une action en justice contre la *dark kitchen* Popafood », *La Tribune Occitanie*, 3 mai 2022.

2. Comme en témoigne le procès de Deliveroo au pénal en avril 2022, par lequel la plateforme de livraisons a été condamnée à 375 000 euros d'amende pour avoir organisé la « dissimulation systémique d'emplois de livreurs qui auraient dû être salariés et non indépendants ». Voir à ce sujet : « Deliveroo condamné pour travail dissimulé, dans un procès historique de l'ubérisation en France », *Libération*, 19 avril 2022.

inévitabiliste peine à convaincre, l'industrie numérique opère comme le reste des acteurs économiques : elle fait du lobbying, négocie et met en branle ses départements de « politique publique » ou de « relations gouvernementales ». Ces pratiques n'ont rien de nouveau et sont plutôt salutaires. Il est essentiel, pour les deux parties, que les dirigeants d'entreprise et les représentants politiques se rencontrent, et que les divers départements juridiques de l'industrie échangent activement avec les législateurs. Évidemment, les premiers gagnent à promouvoir leurs intérêts en essayant d'influencer l'évolution des réglementations ; mais les seconds échoueraient dans leur rôle de représentants ou de hauts fonctionnaires s'ils restaient aveugles aux ambitions de l'une des industries les plus influentes de notre époque. Leur méconnaissance des sujets technologiques est d'ailleurs régulièrement reprochée aux députés. Lors des débats de 2015 sur la loi renseignement à l'Assemblée nationale, de nombreux opposants avaient pointé du doigt l'inculture numérique de la majorité des députés et leur incapacité à saisir les enjeux liés à la collecte et au traitement des données. Une étude de l'institut Montaigne avait alors conclu que seuls 13 députés sur 577 pouvaient être considérés comme « experts » du numérique. En 2018, en dépit du renouvellement des élus et d'une majorité parlementaire nettement plus jeune que la précédente,

77 % des représentants restaient « non experts » en matière de technologie[1].

L'industrie numérique se distingue par sa technicité, sa capacité inédite à innover rapidement, l'opacité de ses produits (qui résulte inévitablement de leur nouveauté) et leur dimension de plus en plus structurante qui contribue à déséquilibrer le rapport de force entre pouvoir politique et pouvoir économique. La rencontre organisée par l'Élysée entre Mark Zuckerberg et Emmanuel Macron en mai 2019 ou la réunion du président américain Joe Biden avec les principaux dirigeants de la Silicon Valley en août 2021 témoignent de l'enjeu stratégique que les géants du numérique représentent pour les pouvoirs publics. Pour Zuboff, cette situation résulte d'une stratégie consciente et clairement définie par les géants de l'industrie, dont les méthodes visent à « désarmer » systématiquement le pouvoir politique de manière à s'imposer comme partenaire incontournable. Selon Diana Filippova, il s'agirait ainsi de « dépolitiser pour mieux régner ».

Reposant sur une foi inébranlable dans la capacité des entreprises à résoudre, grâce à l'innovation et à la concurrence, les problèmes sociétaux de manière plus efficace que les pouvoirs publics, le lobbying de l'industrie numérique consiste à convaincre les

1. « Le numérique à l'Assemblée nationale : où en est-on ? », Institut Montaigne, novembre 2018.

législateurs de mener une politique économique de « laisser-faire ». Pour séduire les États, les groupes d'influence mettent en avant les dernières prouesses de leur secteur et les potentiels avantages du progrès technologique pour le bien commun. En arrière-fond, comme un refrain entêtant, les partisans de ce « solutionnisme technologique » évoquent l'incompétence de l'administration et des législateurs en matière d'innovations technologiques.

Dès lors, la combinaison des méthodes disruptives et du lobbying institutionnel de l'industrie numérique[1] invite à un constat sans appel : celui de l'effacement progressif de l'État. De Airbnb à Uber, de Google Street View aux trottinettes électriques, du Bitcoin aux NFT, ces technologies ont bouleversé nos industries et nos modes de vie, notre Code du travail et notre environnement urbain. Elles ont progressivement conduit l'État à adopter un rôle de subordonné dévoué au progrès technologique, dont l'ambition se limite à réorganiser l'espace public, juridique, social, comme le ferait un bon « manager des opérations ». Son rôle se résume alors à intégrer *au mieux* les innovations et de corriger leurs éventuelles externalités négatives afin que puissent s'épanouir de nouveaux

1. LOMAS, Natasha, « Digging into Google's push to freeze ePrivacy », *TechCrunch*, 1er novembre 2021. ; SILVA, Margarida, « Facebook Files and ePrivacy lobbying expose the power of Big Tech », Blog *Social Europe*, 2021.

modes de vie définis ailleurs, et en amont, par les grands pourvoyeurs d'avenir de la Silicon Valley et de ses vassaux.

Ces stratégies de l'industrie numérique ont participé à l'avènement d'une politique diminuée, d'une politique sans vision, systématiquement assujettie à l'immédiateté du temps technologique et piégée dans une posture purement réactive, passive, soumise. Si l'on en croit Eric Schmidt, l'État est même voué à être prochainement évincé par la *tech* dans le dernier rôle légitime qui lui incombe : celui de *gouverner* sa population.

La « souveraineté numérique » : un nouvel enjeu stratégique pour l'État

On en vient précisément ici à la seconde conception du technopouvoir, qui ne relève pas tant des « stratégies politiques » mises en place par l'industrie numérique pour promouvoir ses produits, que de la diffusion et de l'adoption des « logiques algorithmiques » dans tous les domaines de l'activité humaine, et notamment la sphère politique. Cette vision du technopouvoir considère que les technologies numériques développées par la Silicon Valley constituent une nouvelle « technique de gouvernementalité », une « rationalité de gouvernement » inédite qui est à la fois indispensable et concurrente à la puissance publique[1].

La gouvernance numérique recouvre deux réalités. D'une part, une méthode qui consiste à extraire, grâce à la collecte et l'analyse des données, un savoir que seul le Big Data peut rendre accessible, une certaine connaissance au sujet d'une population qui n'aurait pas pu être découverte par d'autres moyens que son analyse algorithmique[2]. D'autre part, l'utilisation de l'intelligence artificielle pour « modéliser, anticiper, affecter par avance les comportements possibles[3] » d'une population. En mettant l'intelligence artificielle aux commandes du « gouvernement des vivants » et des ressources, cette forme de gouvernance fait donc du numérique ce que Foucault aurait appelé une « technique de gouvernementalité[4] ».

---

1. YEUNG, Karen, « "Hypernudge": Big Data as a mode of regulation by design », *Information, Communication & Society*, vol. 20, n°1, 2 janvier 2017 ; VEALE, Michael et BRASS, Irina, *Administration by Algorithm? Public Management meets Public Sector Machine Learning*, 2019 ; ZIEWITZ, Malte, « Governing Algorithms: Myth, Mess, and Methods », *Science, Technology & Human Values*, vol. 41, 30 septembre 2015.

2. BOYD, Danah et CRAWFORD, Kate, « Six Provocations for Big Data », *SSRN*, 2011.

3. ROUVROY, Antoinette et BERNS, Thomas, « Gouvernementalité algorithmique et perspectives d'émancipation », *Réseaux*, 2013.

4. Dans *Sécurité, territoire, population*, Michel Foucault utilise pour la première fois le néologisme « gouvernementalité » formé des termes « gouvernement » et « rationalité ». Pour Foucault, un

Dès lors, la gouvernance numérique pose inévitablement une question de souveraineté. L'État libéral fonde sa légitimité sur sa capacité à veiller sur sa population et à développer un certain savoir statistique à son sujet afin de mieux la gouverner non pas pour la contraindre, mais plutôt pour assurer sa protection, « comme un père de famille sur sa maisonnée et ses biens[1] ». À l'ère numérique, le Big Data apparaît donc comme une technique de gouvernement idéale : il permet la production d'un savoir statistique sur la population, et offre le moyen de « diriger » sa conduite. Mais que deviennent la légitimité et la souveraineté d'un État lorsque les données collectées, le savoir produit, et le moyen d'affecter les comportements de sa population sont détenus par des acteurs privés, et presque tous étrangers ? Dès lors que l'on reconnaît le Big Data et la gouvernance algorithmique comme de nouveaux outils indispensables au gouvernement des populations, on est forcés de les considérer comme des instruments de pouvoir, et donc d'envisager les données

---

« gouvernement » dirige la conduite des individus, et la « rationalité » est une logique systématique et claire. Le concept de gouvernementalité suggère donc qu'avant de pourvoir gouverner un peuple, il faut pouvoir le comprendre et le définir. C'est dans ce but que l'État développe des techniques visant à « définir » sa population, à la mesurer et à l'observer.

1. FOUCAULT, Michel, « La gouvernementalité », *Dits et écrits*, vol. 3.

elles-mêmes comme un « enjeu stratégique » au sens militaire du terme.

En France, l'émergence de ces nouveaux défis a donné lieu au rapport sur l'intelligence artificielle, dirigé par Cédric Villani à l'Assemblée nationale, dont l'objectif était de développer une « stratégie nationale de l'intelligence artificielle[1] ». Ce dernier participe d'une réflexion d'ensemble sur la question de l'indépendance stratégique de l'État à l'âge des *datanomics*, poursuivie dans un rapport de l'Institut de recherche stratégique de l'école militaire[2], puis par la Commission d'enquête sur la souveraineté numérique au Sénat[3]. On comprend désormais que dans le nouvel ordre technologique mondial, l'indépendance numérique de l'État est essentielle à sa souveraineté. Une nation qui dépend entièrement de logiciels et d'infrastructures étrangères pour se gouverner – c'est-à-dire pour héberger et traiter les données dont ses services publics, sa recherche universitaire, ses services de renseignement ou son armée ont besoin pour fonctionner – devient un territoire vulnérable dont l'autonomie est menacée, une potentielle colonie dont les données sont susceptibles d'être exploitées

1. « Rapport Villani. Donner un sens à l'intelligence artificielle : pour une stratégie nationale et européenne », mars 2018.

2. Rapport conjoint du CASP / IRSEM, « Les manipulations de l'information, un défi pour nos démocraties », septembre 2018.

3. Commission d'enquête du Sénat sur la souveraineté numérique, octobre 2019.

pour le seul profit d'un nouvel impérialisme techno-économique[1].

Or, ces questions ont pris avec la crise sanitaire une tournure très politique. La gestion de l'épidémie a tout à coup donné un « corps » à la souveraineté numérique, notamment sur l'enjeu de la gestion des données de santé. Quelques mois seulement avant le premier confinement, le gouvernement avait créé, à la suite des recommandations formulées dans le rapport Villani sur l'IA, le « Health Data Hub » (HDH). Cette plateforme devait rassembler les données de santé des Français et faciliter leur partage afin que la recherche médicale et universitaire, mais aussi les laboratoires et les start-up, puissent pleinement bénéficier des potentialités offertes par le Big Data dans ce secteur. C'est finalement la crise sanitaire qui a donné au Health Data Hub sa première mission. À peine créée, la plateforme est en effet apparue comme l'outil idéal pour la gestion de la crise sanitaire et l'analyse des informations liées à l'épidémie de la Covid-19. Seule ombre au tableau : pour stocker les données des Français, le HDH a choisi le Cloud de Microsoft[2].

---

1. C'est, par exemple, ce qu'a dénoncé l'enquête de l'émission populaire *Cash Investigation* au sujet d'IQVIA, la société américaine impliquée dans la collecte des données de santé des pharmacies en France.

2. Outre-Manche, c'est Palantir, une entreprise américaine proche de la CIA, qui a obtenu la gestion des données de santé

Alors qu'il avait été créé dans le cadre d'une réflexion gouvernementale sur la souveraineté numérique et l'indépendance technologique de la France, le Health Data Hub a fait le choix d'héberger ses données chez un Gafam. Cette décision est apparue pour beaucoup d'observateurs comme un « contresens industriel » et une aberration politique[1]. Le HDH est ainsi devenu l'un des scandales de la crise sanitaire. Même Edward Snowden s'est exprimé sur le sujet, regrettant la « capitulation » du gouvernement français face au « cartel du Cloud ». Les raisons de cette indignation résident notamment dans le flou juridique qui permet aux entreprises américaines d'échapper à la régulation européenne sur les données personnelles[2]. En effet, si nos données sont stockées chez Microsoft, elles ne sont plus

---

des citoyens britanniques, tandis que les services de renseignement du MI6 ont choisi le Cloud d'Amazon pour le stockage de certaines de leurs données.

1. Voir l'entretien avec Bernard Benhamou, « Health Data Hub : Le choix de Microsoft, un contresens industriel ! », *Le Point*, juin 2020. Mais aussi Tariq Krim, « Lettre à ceux qui veulent faire tourner la France sur l'ordinateur de quelqu'un d'autre : requiem pour la souveraineté numérique », septembre 2021 ; « Health data Hub : du fantasme de l'intelligence artificielle à la privatisation de nos données de santé », *La Quadrature du Net*, mars 2021.

2. Selon la législation américaine (FISA et Cloud Act), les entreprises peuvent être obligées de partager les données situées sur leurs serveurs européens. Par conséquent, toute donnée hébergée

protégées par le droit français et européen. L'État abandonne donc une part importante de ses prérogatives. Pour reprendre les termes de Snowden, il « capitule ».

---

chez un acteur américain est susceptible d'être interceptée par les États-Unis.

5.

Un modèle économique antidémocratique ?

Les réseaux sociaux, gangrène du débat public

Le phénomène des *fake news* lors de la campagne présidentielle américaine de 2016 a permis d'établir une corrélation entre le « pouvoir politique » de l'industrie numérique et le « pouvoir de nuisance » des réseaux sociaux. Au lendemain de la victoire de Donald Trump, Facebook a été tenu responsable d'une élection minée par la propagation virale de rumeurs et de fausses informations[1].

Comment des intox aussi grossières que « le pape François annonce son soutien à Donald Trump » ou « Hillary Clinton impliquée dans un vaste réseau de

1. « Facebook Fake-News Writer : "I Think Donald Trump is in the White House because of Me" », *Washington Post*, 17 novembre 2016 ; « Here's How Facebook *Actually* Won Trump the Presidency », *Wired*, 15 novembre 2016.

pédophilie » ont-elles pu générer autant de buzz[1] ? Cette théorie du complot, connue sous le nom de « pizzagate », a émergé après que des emails du directeur de campagne d'Hillary Clinton, John Podesta, ont été hackés et publiés sur WikiLeaks. Les mentions fréquentes dans sa correspondance de « Comet » (une pizzeria de Washington DC où l'équipe de campagne commandait ses repas) ont conduit certains complotistes à y voir un nom de code servant en réalité à nommer un réseau pédophile composé de personnalités du parti démocrate. Largement relayée pendant la campagne présidentielle, cette théorie a conduit un jeune homme de 28 ans, sans casier judiciaire et sans troubles psychologiques, à entrer dans la pizzeria armé d'un fusil d'assaut pour libérer les jeunes victimes qu'il était convaincu de trouver cachées au sous-sol[2]. L'incident, qui n'a pas fait de blessés, est néanmoins apparu comme le point d'orgue d'une fracture sociale qui aurait pris, du fait de cette prolifération de *fake news*[3], des proportions inédites.

Plus que la division de l'opinion, c'est la suspicion des uns envers les autres, la disparition de références communes et de critères de jugement collectifs qui

---

1. Ces deux articles ont été lus près d'un million de fois chacun sur Facebook.

2. « Fake News Onslaught Targets Pizzeria as Nest of Child-Trafficking », *The New York Times*, 21 novembre 2016.

3. C'est ainsi qu'Hillary Clinton a qualifié le phénomène après l'incident du *pizzagate*.

inquiète. Il semble que les réseaux sociaux aient largement participé à cette « polarisation ». L'entre-soi informationnel cultivé sur Facebook, dont l'algorithme favorise les échanges entre ceux qui partagent les mêmes opinions[1], conforte les préjugés et les croyances des membres d'une même « bulle »[2]. Par ailleurs, au sein de ces groupes toujours plus homogènes, les individus eux-mêmes tendent à durcir leurs positions du fait des « chambres d'écho » dans lesquelles ils évoluent[3]. Pour plaire à ses pairs, on a en effet tendance à exagérer le trait, à se montrer plus à droite, plus écolo, ou plus féministe qu'on ne l'est vraiment, entraînant ainsi une auto-radicalisation progressive des pôles de l'opinion[4]. En dépit de ses slogans bien-pensants, Facebook ne rapproche donc pas le monde, mais le divise.

Mais le phénomène des *fake news* a surtout exposé au grand jour la perversité de la logique économique des

---

1. La « ségrégation » au sein des réseaux d'amis Facebook est très nette. La part médiane de nos amis Facebook qui ne partagent pas nos vues politiques serait de 20 % seulement pour les gens de gauche, et de 18 % pour les gens de droite.

2. PARISER, Eli, *The Filter Bubble: What the Internet is Hiding from You*, New York, Penguin Books, 2011.

3. RADER et GRAY, « Understanding user beliefs about algorithmic curation in the Facebook news feed », Proceedings of the 33 rd Annual ACM Conference on Human Factors in Computing Systems, Seoul, avril 2015, p. 173-182.

4. ALLPORT, Gordon et POSTMAN, Leo, *The Psychology of Rumors*, Henry Holt, 1948.

réseaux sociaux, où les profits sont proportionnels à la viralité des contenus. Les *fake news* sont en effet apparues comme un excellent moyen de générer des revenus publicitaires car, plus une information est choquante et scandaleuse, plus elle génère une réaction émotionnelle forte et plus elle est partagée[1]. En d'autres termes, la publication de ces fausses nouvelles sur Facebook s'est avérée une entreprise économique rentable. C'est ainsi que la petite ville de Vélès en Macédoine, où le taux de chômage atteint 24 %, s'est transformée, le temps de la campagne présidentielle américaine de 2016, en une véritable usine à désinformation. Des adolescents y ont créé une centaine de sites internet pro-Trump sur lesquels ils copiaient des articles aux titres sensationnalistes glanés çà et là, qu'ils partageaient ensuite sur Facebook à l'aide de faux profils achetés pour l'occasion. Interviewé par le magazine *Wired*[2], l'un d'entre eux se vante d'avoir gagné 16 000 dollars grâce aux revenus publicitaires générés par ses posts Facebook les trois derniers mois de la campagne présidentielle[3]. Ainsi,

1. C'est le principe de la rumeur, qui ne se répand que dans la peur ou la colère, alors que le fait rationnel et neutre, beaucoup moins excitant, ne devient jamais viral. Voir à ce sujet Sunstein, Cass R., *On Rumors: How Falsehoods Spread, Why We Believe Them, What Can Be Done*, New York, Kindle Edition, Penguin Books, 2011.

2. « Inside the Macedonian Fake News Complex », *Wired*, 15 février 2017.

3. À titre de comparaison, le salaire moyen à Vélès est de 371 dollars par mois.

la « libéralisation de l'information » permise par Internet a cessé d'incarner une promesse d'émancipation, et apparaît désormais comme un danger. Ce revirement est symptomatique de la désorientation de nos sociétés à l'ère de la « post-vérité ».

Un an plus tard, un nouveau scandale a confirmé la vulnérabilité de la démocratie à l'ère des réseaux sociaux. En mars 2018, un lanceur d'alerte a révélé qu'une entreprise de *data mining*, Cambridge Analytica, avait utilisé frauduleusement les données de 87 millions de comptes Facebook pour cibler et manipuler les électeurs indécis en faveur de Donald Trump et du Brexit. Il est alors apparu que le succès des *fake news* ne reflétait pas seulement la dérive morale d'une société friande de rumeurs et de profits, mais qu'il témoignait d'un phénomène bien plus grave : la possibilité d'orchestrer une manipulation massive de l'opinion. D'autres employés ont par la suite corroboré ce témoignage accablant, et confirmé l'efficacité des techniques de profilage psychologique développées par Cambridge Analytica[1].

Ces profils psychométriques auraient permis à l'équipe de campagne de Donald Trump d'identifier précisément, dans chaque État, la frange d'électeurs indécis la plus susceptible de voter pour le candidat républicain. Le scandale ne vient pas du fait qu'une

1. Voir à ce sujet le documentaire sur le scandale de Cambridge Analytica, *The Great Hack*, disponible sur Netflix.

campagne politique ait utilisé des techniques de micro-targeting de l'électorat basées sur l'analyse de données car c'est désormais une pratique courante, notamment aux États-Unis[1]. Ce qui a été mis en cause, c'est le fait que Cambridge Analytica se soit procuré les données Facebook de 87 millions de citoyens américains, sans lesquelles elle n'aurait jamais pu produire des analyses psychométriques aussi pertinentes. Une enquête a donc été ouverte. Auditionné par le Congrès et le Sénat, Mark Zuckerberg s'est engagé à mieux protéger les données de ses utilisateurs, affirmant que Cambridge Analytica avait agi illégalement et à son insu. L'affaire a cependant largement ébranlé la confiance du public envers les réseaux sociaux. En dépit des discours pleins de bons sentiments de Mark Zuckerberg, personne n'a pu ignorer que ce scandale révélait notre fragilité face à la puissance algorithmique. Les innocents *likes* de nos profils deviennent, lorsqu'ils sont agrégés, minés et exploités, des portes dérobées sur notre subjectivité.

La manipulation de l'opinion sur les réseaux sociaux est donc devenue un enjeu politique global. La légitimité d'un régime démocratique repose sur l'autonomie de sa société civile. Le droit de vote et le principe de l'élection supposent un public à la fois

1. La campagne de Barack Obama en 2008 a été la première à utiliser ces méthodes.

informé et apte à la délibération[1]. Si les *fake news* ont suscité tant d'émoi, c'est parce qu'en cannibalisant le débat public, en trompant les électeurs, en polarisant l'opinion, elles risquent de défigurer la démocratie, ses procédures et ses principes[2]. C'est ainsi que les réseaux sociaux, emblèmes du Web 2.0, dont on avait tant vanté le caractère émancipateur lors des printemps arabes, ont fini par incarner une menace protéiforme et diffuse pour la démocratie.

Les algorithmes prédictifs, ou le profit aux dépens des utilisateurs

Le scandale de Cambridge Analytica a été un déclencheur. Tout à coup, l'opinion publique a

1. C'est l'argument central de la théorie démocratique de John Dewey, qui se penche sur le rôle et l'importance du « public » (la société civile) pour la vitalité démocratique. Le principe d'égalité démocratique, explique Dewey, implique un droit égal au vote et un égal droit d'être informé. Voir DEWEY, John, *The Public and Its Problems: An Essay in Political Inquiry*, Athens, Swallow Press, 2016.

2. L'une des plus importantes théoriciennes contemporaines de la démocratie, Nadia Urbinati, estime que l'opinion publique devrait être considérée comme un bien commun en démocratie, et devrait être protégée en conséquence. Car lorsque l'autonomie (c'est-à-dire la capacité de délibérer, de choisir librement) de l'opinion publique est entravée, la démocratie s'en trouve défigurée. Voir URBINATI, Nadia, *Democracy Disfigured: Opinion, Truth, and the People*, Harvard, Harvard University Press, 2014.

compris la dimension politique de ces pratiques commerciales auxquelles on avait jusque-là peu prêté attention. Le marketing ciblé, le « profilage des utilisateurs » : toute l'économie du Big Data a été soupçonnée de faire émerger un nouveau Big Brother, et nous avons craint d'être transformés en sujets d'une vaste manipulation... Puis Shoshana Zuboff nous a expliqué de quoi il en retournait.

C'est elle qui, la première, a développé une théorie de la logique économique justifiant la « surveillance des données ». Dans un livre épais, paru en janvier 2019, elle présente le *business model* qui a révolutionné l'économie numérique et rendu possible Cambridge Analytica : le « capitalisme de surveillance ».

Inventé par Google en 2001, et utilisé par Facebook dès sa conception, le capitalisme de surveillance est rapidement devenu la norme pour toute entreprise impliquée dans l'économie des données. Ce modèle repose sur un impératif : collecter le plus d'informations possible, même les plus insignifiantes, sur les utilisateurs. Le capitalisme de la surveillance est né le jour où les ingénieurs de Google se sont rendu compte que les « miettes » qu'ils collectaient involontairement (*data crumbs*), ces masses de données comportementales qui n'avaient *a priori* aucune utilité pour l'amélioration de leur moteur de recherche, pouvaient néanmoins devenir extrêmement rentables car elles permettaient de définir des profils de plus en plus précis d'utilisateurs, à partir desquels ils pouvaient réaliser des prédictions sur leurs comportements. Cette découverte a donné lieu à l'invention d'un nouveau modèle économique, dans lequel les données comportementales des utilisateurs sont transformées, à l'aide d'algorithmes d'apprentissage, en « produits de prédiction » vendus sur un nouveau marché[1] à des entreprises ayant un intérêt à connaître ou à influencer ces comportements.

Pour Zuboff, le vice de ce modèle économique réside dans le postulat sur lequel il repose : l'idée que l'expérience humaine, exprimée à travers les données des utilisateurs, est une matière première que le capitalisme de surveillance exploite aussi impunément que ses prédécesseurs de l'ère industrielle pillant la terre au XIXe siècle. L'universitaire dénonce la logique intrinsèquement totalisante de l'« impératif d'extraction » du capitalisme de surveillance, qui nécessite, pour produire des prédictions justes, d'accroître indéfiniment la quantité de données collectées. Au-delà de la sphère purement virtuelle, ce modèle économique encourage donc une forme de surveillance toujours plus envahissante. Les données biologiques (la voix, le diabète, le battement cardiaque), les itinéraires des véhicules connectés ou des joggeurs, les expressions physiques ou virtuelles

1. Que Zuboff appelle le « marché des comportements futurs ».

de l'humeur, de l'émotion, de la personnalité forment une mine d'informations inestimable grâce à laquelle les produits prédictifs réussissent à s'insérer *dans* la vie réelle, entre l'humain et l'objet, pour accroître la probabilité qu'un individu agisse d'une certaine façon, en concluant, par exemple un achat.[1]. En d'autres termes, plus nous *vivons* et laissons derrière nous de traces numériques de notre expérience humaine, plus nous participons à la croissance et à l'amélioration des algorithmes qui prédisent et manipulent nos comportements futurs à des fins commerciales.

La matière inconsciente des prédictions algorithmiques : une menace pour le libre arbitre ?

Avec ce « capitalisme de surveillance », l'intrusion dans nos « vies privées » (l'expression semble presque désuète aujourd'hui tant le concept est éculé) a donc pris la forme d'une contrainte sourde, permanente et quasi-invisible sur nos comportements. Il n'est d'ailleurs plus question de vie privée, car ce n'est pas le « respect de notre intimité » qui est en

1. C'est ce que Zuboff a appelé le « *reality business* », c'est-à-dire l'application au monde réel d'une architecture informatique de prédiction et de modification du comportement.

jeu, mais notre capacité à faire des choix « libres », sans être inconsciemment manipulés, « nudgés[1] » par une intelligence artificielle qui nous connaîtrait mieux que nous-mêmes. Pour Zuboff, c'est précisément le caractère insidieux du capitalisme de surveillance qui le rend dangereux, le fait qu'il s'exerce discrètement et sans contrainte, comme un conditionnement progressif et invisible.

Alors qu'on a reproché aux nouvelles générations biberonnées aux réseaux sociaux d'abandonner sciemment toute vie privée en prenant part à une « culture de la surveillance » où tout le monde, depuis Jean-Édouard et Loana, cherche à voir et à être vu, alors qu'on a tant écrit sur cet individu 2.0 prêt à confesser, sans hésiter, à son moteur de recherche ses pensées intimes, ses secrets les plus inavouables et ses angoisses nocturnes, la théorie du capitalisme de surveillance indique que ces interactions conscientes avec la machine, et les données

1. La théorie du *nudge* a été développée par Cass Sunstein et Richard Thaler. Le *nudge* (mot qui n'a pas d'équivalent en français) consiste à influencer le choix d'un individu en intervenant sur son environnement, de façon à favoriser une option plutôt qu'une autre. Par exemple, si on place la salade de fruits devant les snacks industriels à la cantine, il est prouvé que les enfants seront davantage tentés de prendre les fruits. Le placement des produits est donc une façon de *nudger* les consommateurs. THALER, Richard H. et SUNSTEIN, Cass R., *Nudge: Improving Decisions About Health, Wealth, and Happiness*, New York, Penguin Books, 2009.

qui en découlent, sont sans véritable intérêt pour l'économie numérique actuelle. Les données comportementales, précisément, ne sont pas les données personnelles évidentes auxquelles on pense. Elles sont des « miettes » numériques qu'on laisse dans notre sillage et qui n'ont pour nous aucune valeur, des traces qu'on dépose inconsciemment, et qui ne commencent à ressembler à une empreinte qu'une fois qu'elles sont traitées, comparées, corrélées : elles deviennent alors la matière première d'une forme d'intelligence statistique que l'esprit humain serait incapable d'appréhender.

C'est cette forme de dépossession technologique, cette capacité à faire algorithmiquement émerger du sens *au sujet* de l'individu sans qu'il ait aucune prise sur le processus qui cristallise l'enjeu éthique de l'intelligence artificielle. Zuboff critique le cynisme de cette nouvelle économie qui trouve selon elle un intérêt financier à ce que l'autonomie et la capacité de jugement de ses utilisateurs soient réduites au strict minimum pour mieux les transformer, comme dans une fiction behavioriste[1], en « organismes » aux comportements parfaitement prévisibles et manipulables. Elle reproche donc à ce néolibéralisme algorithmique de s'être émancipé des dernières valeurs qui en faisaient encore, tant bien que mal,

1. Skinner, Burrhus Frederic, *Walden Two*, Indianapolis, Hackett Publishing Company, 2005.

un « libéralisme » : le respect de la rationalité et de l'autonomie de l'individu.

Dans son *Voyage au pays de l'intelligence artificielle*, Gaspard Koenig propose une interprétation analogue, mais plus générale. Le philosophe s'inquiète de l'accroissement des applications de l'intelligence artificielle, de leur commodité, et des effets à long terme de ce nouvel assistanat numérique. Alors que nous sommes incités à déléguer de plus en plus de choix à des algorithmes, notre effort cognitif serait considérablement réduit. Or, la permanence de ces *nudges*, leur subtilité, leur praticité pourrait avoir des conséquences biologiques sur le cerveau humain. Koenig cite, par exemple, des recherches en neuroscience qui prouvent que l'utilisation permanente du GPS atrophie certaines zones cérébrales chez les chauffeurs de VTC. À force de nous rendre la vie « agréable » et « plus facile », les algorithmes prédictifs nous maintiendraient donc dans un état de passivité où seules des décisions purement réactives et automatiques seraient sollicitées de notre part[1]. Comme Zuboff, Koenig considère donc que l'intelligence artificielle et ses applications posent un enjeu éthique inédit, et met en péril notre libre arbitre. Tous deux concluent donc à un antagonisme de fond entre cette nouvelle économie et la démocratie libérale,

1. Kahneman, Daniel, *Thinking, Fast and Slow*, Farrar, Straus and Giroux, 2013.

dont toute la légitimité repose sur la reconnaissance de l'autonomie du sujet[1].

*

Du scandale des *fake news* au capitalisme de surveillance, on a donc progressivement pris conscience de la puissance d'influence des géants du numérique, ces Béhémoths dont les capacités computationnelles conduisent à créer des inégalités inédites entre les utilisateurs et les plateformes. Pris dans les mailles d'algorithmes prédictifs toujours plus performants, on a craint que l'individu n'y perde sa liberté de juger et la démocratie, son sens. Par ailleurs, nous avons mesuré la dimension géostratégique des grandes entreprises du numérique. Cambridge Analytica et les tentatives d'ingérence sino-russes lors de diverses

1. C'est l'article premier de la Déclaration des droits de l'homme de 1789, qui sert de préambule à la Constitution de la Ve République : « Les hommes naissent et demeurent *libres.* » Or cette liberté, avant d'être un droit, incarne pour Kant l'essence de notre humanité, elle est l'autre nom de notre *autonomie.* « Les hommes naissent libres », avec la capacité de se donner leur propre loi (« auto – *nomos* »), d'examiner leur conscience et d'agir ou non selon ses prescriptions, libres de former leur volonté propre, quelles que soient les chaînes qui voudraient les maintenir en état de minorité, de déterminer ce qui sert leur intérêt propre, et Rousseau ajouterait « de réaliser la volonté générale ». En somme, il ne pourrait y avoir ni votes, ni élections, ni représentation populaire, sans ce postulat essentiel : le citoyen est souverain, libre et rationnel.

élections démocratiques européennes ont montré que ces plateformes pouvaient être instrumentalisées par des acteurs malveillants, étatiques ou privés. Plus largement, ces entreprises ont incarné un nouvel enjeu pour l'État, le droit et la démocratie.

6.

Réguler l'industrie numérique : le syndrome du hamster

De la « surveillance de masse » de l'État à la « manipulation de masse » des réseaux sociaux : un revirement révélateur de notre conception de la technologie

En septembre 2020, un documentaire produit par Netflix et traitant du pouvoir de l'industrie numérique, de la manipulation des utilisateurs et de l'addiction aux réseaux sociaux a atteint un record absolu d'audience : *Derrière nos écrans de fumée* a été vu par plus de 100 millions de spectateurs, traduit dans 30 langues et diffusé dans 190 pays. C'est dire à quel point personne n'ignore aujourd'hui les risques inhérents au pouvoir d'influence de l'industrie numérique pour les démocraties occidentales[1].

1. « Facebook is a New Form of Power. But not quite like a government », *The New Republic,* 2019 ; « How Extensive is

Cette prise de conscience collective marque un revirement important dans le débat sur le potentiel transformateur de la technologie. Parmi les personnalités du monde de la tech qui ont vécu les années du *Well* et les débuts de la techno-utopie, beaucoup regrettent de ne pas avoir « vu venir » les dérives du Web commercial, ou de ne pas avoir réagi plus tôt[1]. L'inventeur de la fenêtre pop-up publicitaire, Ethan Zuckerman, considère qu'il a participé au « péché originel » d'Internet et s'en est excusé publiquement[2]. De manière générale, une large majorité des acteurs ayant contribué au développement de cette industrie partage le sentiment que quelque chose a mal tourné, et veut désormais y remédier en appelant l'État à la rescousse, à tel point que même Mark Zuckerberg a de nombreuses fois interpellé les gouvernements à ce sujet, comme pour les rappeler, sur le ton du défi, à leurs responsabilités[3]. En quelques années seulement, tous les discours à propos de la technologie et de

---

Google's Power ? », *ABC News*, 2019 ; « Facebook Files and ePrivacy lobbying expose the power of Big Tech », *Social Europe*, 2021 ; « It's Time to Break-Up Facebook », *The New York Times*, 2019.

1. Krim, Tariq, « Un autre Web est possible », *Getrevue*, newsletter n° 2, 2021.

2. Zuckerman, Ethan, « The Internet's Original Sin », *The Atlantic*, 2014.

3. Zuckerberg, Mark, « The Internet needs new rules. Let's start in these four areas. », *Washington Post*, 2019.

ses rapports à l'organisation politique de la société se sont inversés.

Ce renversement devient d'ailleurs troublant quand on compare les deux principales alertes qui ont été lancées, à quelques années d'intervalle, pour mettre en garde la société civile contre les dangers auxquels la technologie l'expose. En 2013, le lanceur d'alerte Edward Snowden quittait avec fracas son poste à la NSA pour dénoncer les pratiques de collecte de données des services de renseignement. S'ensuivaient de longues campagnes d'opinion pour limiter les intrusions de l'État dans la sphère technologique. Huit ans plus tard, la lanceuse d'alerte Frances Haugen quittait son poste chez Facebook afin de dénoncer les pratiques liberticides de l'économie des réseaux sociaux, et se lançait dans un tour du monde des hémicycles parlementaires pour implorer les États de mieux superviser la sphère technologique et d'intervenir fermement pour encadrer les pratiques de l'industrie numérique. Ce qui est frappant, c'est de constater à quel point Snowden et Haugen se sont inquiétés de la *même chose*. Ils ont craint l'instrumentalisation de la technologie à des fins de surveillance et de contrôle, ont identifié le fait que cette surveillance posait un problème de fond aux institutions démocratiques, et ont appelé, tous les deux, à régler ce problème par le droit. Mais là où Snowden concluait qu'il fallait absolument limiter les pouvoirs de l'État et de ses services de renseignement, Haugen réclame l'inverse.

La lanceuse d'alerte demande à l'État d'étendre son influence pour limiter celle de la sphère technologique. En somme, ce même État, qui incarnait une menace pour les libertés et les perspectives de la société technologique, est aujourd'hui appelé à la sauver.

C'est tout le problème de notre conception de la technologie numérique : parce que nous sommes convaincus qu'elle est versatile et indéterminée, que chacun peut en faire ce qu'il veut, on ne peut expliquer ses conséquences qu'à partir des intentions de ceux qui l'utilisent[1]. Et ce faisant, on rend la définition de ses enjeux politiques impossible.

Comment comprendre ce qui change avec la transformation numérique de la société quand elle produit de manière si évidente une chose et son contraire ? Internet est à la fois un outil d'émancipation individuelle et de démocratisation quand il sert les intérêts d'individus et de sociétés opprimées, et une arme redoutable de contrôle social lorsque les politiques sécuritaires de l'antiterrorisme occidental ou le gouvernement autoritaire chinois s'en mêlent[2]. La *blockchain* est plébiscitée comme une

1. C'est ce que le sociologue Bruno Latour appelle « la pensée double-click ».

2. Comme le prouvent les versions *bêta* du système de crédit social en cours d'expérimentation dans certaines régions de Chine. Ce projet de surveillance de masse mis en place par le gouvernement Chinois a pour but de développer un système de notation

technologie de décentralisation, et tout aussi justement critiquée comme un véhicule idéologique de l'extrême droite. Les données personnelles et comportementales doivent être protégées de l'ingérence de l'État, mais l'État doit aussi s'assurer qu'elles ne sont pas instrumentalisées par l'industrie…

En clair, à chaque fois que l'on prend conscience d'une conséquence problématique de la technologie, on court derrière le responsable (la guerre contre le terrorisme, l'illettrisme numérique des utilisateurs des réseaux sociaux, le modèle économique de la Silicon Valley, la stratégie cyber-militaire russe…), et on s'empresse de colmater les dégâts à l'aide d'une nouvelle mesure, d'une nouvelle loi. Cette façon de procéder nourrit l'illusion qu'il suffirait de bien réguler tel ou tel autre acteur de la technologie pour venir à bout de ses effets secondaires. Cette illusion tenace est pourtant systématiquement démentie par la succession de nouveaux problèmes, découlant de nouvelles instrumentalisations de la technologie, et provoquant de nouvelles régulations.

De ce cycle sans fin vient notre impression d'être entraînés dans une course permanente et vaine derrière le progrès technologique et ses effets. De ce

---

de l'ensemble des citoyens et des entreprises du pays. La note de « crédit social » attribuée par le régime se fonde sur les données personnelles disponibles qui sont ensuite étudiées grâce à des technologie d'analyse du Big Data.

syndrome du hamster résulte également l'impossibilité d'identifier *ce qui change*, avec les technologies numériques, en dehors de quelques aspects relatifs.

La régulation, ou l'impuissance de la sphère politique

Il est évidemment indispensable de réguler Uber, Airbnb, ou Facebook, et de définir une politique numérique nationale et européenne ambitieuse. Néanmoins, l'approche régulatrice s'avère insatisfaisante et réductrice pour comprendre les enjeux politiques du numérique.

Par ailleurs, les partisans de la régulation limitent le plus souvent leur réflexion à l'influence des entreprises de la Big Tech, qui sont assez puissantes pour agir à grande échelle, conquérir des marchés et des industries entières, et exercer une pression importante sur les législations nationales. Or, par leurs méthodes et leurs moyens, ces géants du numérique condamnent la puissance publique à leur opposer une réponse « tactique », à être dans la réaction permanente. Ainsi, lorsque Google Maps fait tout à coup apparaître les radars routiers sur ses applications, l'État n'a pas le temps de développer une législation globale sur la cartographie du territoire. Il doit répondre rapidement à un problème concret : faut-il accepter que des technologies GPS préviennent les conducteurs des radars présents sur leur itinéraire ? À quel titre peut-on l'interdire ? Et, enfin, comment contrôler le respect de cette interdiction ? La question ne s'était jamais posée du temps où, par solidarité, les conducteurs se faisaient des appels de phare. De même, les puissances publiques n'avaient pas anticipé les conséquences de Google Earth, Google Street View ou des drones de surveillance sur la vie et la propriété privées, ni le possible détournement de ces outils numériques par le crime organisé. Face à la multiplication des innovations, l'État est donc en permanence sommé de s'adapter au temps technologique, alors que son rôle, qui consiste à garantir la constitutionnalité des règles qu'il impose, requiert, par principe, une lenteur salutaire, mais trop souvent décriée comme la preuve de son inefficacité et de ses lourdeurs bureaucratiques[1].

En outre, la seule tentative menée par l'Union européenne pour mettre en place une réponse « stratégique » au pouvoir d'influence grandissant de l'industrie numérique s'est avérée partiellement contre-productive. Il s'agit du Règlement européen sur la protection des données personnelles (RGPD),

1. Il s'agit d'un argument récurrent des promoteurs de la *blockchain* et du Web3 : parce que l'État est incapable de réguler l'industrie technologique, il faut la laisser se réguler elle-même, grâce au protocole de la *blockchain*.

entré en vigueur en 2018. Le RGPD est l'une des rares régulations qui découle d'une réflexion *globale* sur la transformation numérique et l'importance d'adapter la protection des données personnelles aux nouvelles pratiques technologiques[1]. Salué par l'ensemble des « défenseurs des libertés » et devenu depuis un modèle pour de nombreux régulateurs étrangers, le RGPD a forcé l'ensemble des entreprises traitant des données européennes à respecter un certain nombre de règles concernant la protection des droits des utilisateurs. Pour ces derniers, le RGPD s'est traduit par la multiplication des petites fenêtres *pop-up* qui cherchent à s'assurer de leur consentement afin qu'ils acceptent consciemment l'utilisation des *cookies* ou qu'ils choisissent de les désactiver. Pour les entreprises, le RGPD s'est traduit par l'obligation de mettre en place une série de processus garantissant à leurs utilisateurs une forme de contrôle sur leurs données. Les géants du Web

1. Le RGPD a aussi été pensé contre les « abus » des géants de la tech, notamment suite à une série de scandales liés à l'exploitation des données personnelles entre 2007 et 2011. À l'époque, Eric Schmidt, toujours en poste chez Google, avait déclaré : « Seuls les criminels se soucient de protéger leurs données personnelles. » De son côté, Mark Zuckerberg arguait : « La vie privée est une norme sociale périmée. » L'Electronic Frontier Foundation s'était alarmée des pratiques de Facebook et un audit mené en Europe avait conclu à plus de 22 infractions en matière de protection des données personnelles selon la réglementation européenne de l'époque.

ont donc, par exemple, dû se conformer au « droit à l'oubli » (très controversé aux États-Unis[1]) et au droit à la portabilité des données, c'est-à-dire accepter qu'un utilisateur puisse demander la suppression de son « passé numérique », et l'accès à l'ensemble des données que l'entreprise a recueillies le concernant. Quant aux petites et moyennes entreprises européennes, elles ont, avec leurs moyens, fait en sorte de respecter les 100 pages d'obligations et les 99 articles de lois. C'est tout le paradoxe d'une telle régulation : le RGPD a imposé aux entreprises les moins susceptibles d'entrer en tension avec le droit et la souveraineté numérique des États européens des règles d'une grande complexité juridique et organisationnelle. De nombreux dirigeants de start-up et de PME ont en effet témoigné des difficultés et des coûts liés à la mise en œuvre de la réglementation européenne, et notamment, de l'impact de celle-ci sur leur compétitivité. Les Gafam, quant à elles, sont non seulement mieux armées pour s'adapter aux régulations[2], mais ont aussi, manifestement, les

1. La controverse vient du fait que le droit à l'oubli se heurte à la conception américaine de la liberté d'expression. Voir ROSEN, Jeffrey, « The Right to Be Forgotten: a Response », *Stanford Law Review*, vol. 64, 13 février 2012.

2. Les très faibles condamnations de Facebook et Google lors de leurs procès en France témoignent à cet égard de la stratégie juridique extrêmement efficace de ces entreprises.

moyens de s'y soustraire[1]. La régulation n'est donc qu'une solution cosmétique. Elle permet, *a posteriori*, de s'assurer que la technologie ne soit ni instrumentalisée, ni décentralisée au-delà d'une certaine limite et vient colmater des externalités après que les pratiques sociales ont été transformées.

La démocratie menacée par la tech : un argument à bout de souffle

Les appels à réguler la sphère technologique sont communément justifiés par la « menace » que cette dernière ferait peser sur la démocratie. Or, cet argument racoleur[2] est théoriquement injustifiable.

Il repose sur le constat indéniable que les technologies sont « politiquement chargées », pas seulement dans la mesure où elles constituent des « éléments actifs d'organisation entre les hommes et leurs environnements »[3], mais en ce sens qu'elles peuvent

1. « Les Gafam échappent au RGPD, la Cnil complice », *La Quadrature du Net*, 2021.

2. Heer, Jeet, « Facebook Remains a Threat to Democracy », 24 février 2021 ; Srinivasan, *Ramseh*, « Yes, Google is disrupting our democracy. But not in the way Trump thinks », *Washington Post*, 21 août 2019 ; Vaidhyanathan, Siva, *Antisocial Media: How Facebook Disconnects Us and Undermines Democracy*, OUP USA, 2018.

3. Akrich, Madeleine, « Comment décrire les objets techniques ? », *Techniques et culture*, Paris, Éditions de la Maison des

être instrumentalisées pour servir un horizon politique. C'est ce qu'on a appelé précédemment les « politiques du numérique », en référence aux intérêts des Gafam, aux opinions politiques de certains de leurs dirigeants[1], ou à l'idéologie liée au modèle économique de cette industrie. Dans un petit précis incisif, David Golumbia montre par exemple que le Bitcoin, derrière la rhétorique bien connue du mouvement *blockchain* et ses lieux communs sur la décentralisation et la fin de la corruption institutionnelle, véhicule des valeurs politiques antidémocratiques, inspirées des mouvances anarcho-capitalistes et néoféodalistes qui sont « littéralement codées dans la technologie elle-même[2] ». Pour autant, on ne peut pas en déduire que la démocratie serait mise en péril par la technologie *blockchain*. David Golumbia se garde d'ailleurs bien de faire un tel raccourci, et conclut simplement qu'il est temps de « réaffirmer le pouvoir

sciences de l'homme, 1987. ; Winner, Langdon, « Do Artifacts Have Politics? », Dædalus, 1980.

1. *How Peter Thiel's Contrarianism Shaped Silicon Valley – and America*, Centre for International Governance Innovation (CIGI). ; Johnson, Steven, « The Political Education of Silicon Valley », *Wired*, 2018.

2. Golumbia, David, *The Politics of Bitcoin*, *op. cit.* Dans ce livre concis et très accessible, l'auteur montre que l'émergence de la célèbre cryptomonnaie a contribué à normaliser des idées qui restaient jusqu'alors confinées à certains cercles libertariens d'extrême droite et milieux conspirationnistes.

du politique sur l'économique », actualisant ainsi la critique antimondialiste à l'âge des cryptomonnaies.

S'il est légitime de regretter que les démocraties de marché soient davantage des marchés que des démocraties, identifier une tension entre le pouvoir économique et le pouvoir politique ne suffit pas à remettre en question la démocratie. Reconnaître l'existence d'un courant anarcho-capitaliste et profondément anti-institutionnel parmi les amateurs de cryptomonnaies non plus. D'abord, parce que la démocratie libérale est construite sur la pluralité des opinions et des croyances, et qu'elle fonde donc une part de sa légitimité sur sa capacité à accepter la contestation. La démocratie libérale est un régime qui garantit et encourage la possibilité de contester, de contredire, de contrôler, de renverser le pouvoir politique, elle offre un cadre au sein duquel l'ensemble des instances (économiques, spirituelles, technologiques, scientifiques, etc.) peuvent entrer en concurrence pour incarner de nouveaux pouvoirs, et repousser sans cesse les frontières du possible. Les algorithmes prédictifs, la *blockchain*, la vidéosurveillance de masse ont émergé au sein de ce cadre, portés par des acteurs qui rivalisent, sur le marché libre des idées et des croyances, pour imposer une vision politique, sociétale et culturelle dominante. En d'autres termes, si l'on considère les effets de la technologie comme la matérialisation des intentions et des intérêts de ses « propriétaires », il est illogique de soutenir qu'elle peut menacer le cadre de la démocratie libérale. Ce que la démocratie est en mesure de réguler ne peut pas véritablement la menacer.

Il apparaît ainsi que la question des enjeux politiques du numérique reste fondamentalement mal posée. En faisant de la technologie l'instrument d'un pouvoir économique on échoue systématiquement à en saisir la portée transformatrice. À force de crier au loup face aux Gafam, non seulement on ne pense qu'à l'aspect législatif, mais on limite le plus souvent l'impact de la transformation numérique à un affrontement idéologique entre capitalisme et démocratie. La grille de lecture qui consiste à faire de la régulation l'enjeu politique de la transformation numérique illustre surtout sa propre limite : les maigres bilans des législations existantes indiquent précisément que l'essentiel de la portée politique de ce secteur se situe ailleurs que sur son marché.

*

À force de rattacher la technologie numérique à tant de fictions, d'intérêts, de vices et de vertus contraires, à force d'essayer d'identifier et de réguler ses infinies conséquences, nous avons perdu de vue sa portée profondément transformatrice.

Imaginons un instant un monde où les Gafam auraient été démantelés par le législateur, qui aurait aussi interdit le capitalisme de surveillance, taxé les cryptomonnaies en fonction des ressources énergétiques qu'elles mobilisent, et renforcé le RGPD. L'écosystème numérique serait alors débarrassé du modèle économique tenu pour responsable des principales menaces posées à la démocratie. Les *fake news*, la radicalisation des opinions et le complotisme, l'affaiblissement du libre arbitre des citoyens par les algorithmes prédictifs, les méthodes antidémocratiques des multinationales hypercapitalisées… Imaginons que tout cela a disparu. La transformation numérique ne prendrait pas fin pour autant. Elle aurait, certes, un autre visage, mais elle continuerait, portée par des entreprises non monopolistiques et les milliers de PME et de start-up qui existent aujourd'hui et mettent le numérique et ses potentialités au cœur de leurs services. Des espaces culturels à Airbnb, de la fintech[1] à l'éducation, du bien-être à la micromobilité, ces entreprises sont autant de visages de la transformation numérique. Elles inventent, grâce aux données numériques et à l'intelligence artificielle, de nouveaux moyens de penser le déplacement urbain ou la relation client dans les musées, de payer au restaurant ou d'investir son épargne, de développer la connaissance de soi ou de partager la connaissance

1. Terme créé en fusionnant les mots « finance » et « technologie », qui désigne les entreprises proposant des services financiers s'appuyant sur les nouvelles technologies numériques.

tout court. Et c'est peut-être au contact de cet écosystème numérique « moyen », loin des mastodontes de la Silicon Valley et de leur pouvoir déroutant, débarrassés de l'angoisse d'imaginer Google et Huawei vassaliser l'Union européenne ou Facebook anéantir la démocratie, que l'on devient plus attentif à ce qu'il y a de profondément subversif dans ces processus de numérisation. On ne peut pas virtualiser les musées, dématérialiser les paiements, transformer une thérapie en *nudges* algorithmiques, remplacer son banquier par un robot investisseur, et en même temps, conserver le sens que l'on donne au musée, l'idée qu'on se fait de l'argent, l'image que l'on a de soi.

On voit alors se dessiner, à travers ces milliers d'innovations anodines qui refondent petit à petit notre quotidien, ce qu'il y a de fondamentalement politique dans la transformation numérique : non pas des « idées », et encore moins des « projets » politiques ; mais tout simplement une certaine façon de faire, de penser, d'organiser, d'anticiper, d'espérer, que la technologie importe partout, qu'elle tresse silencieusement dans le tissu social, au cœur des organisations et entre les hommes. En bref, une nouvelle rationalité.

UNE « GRANDE TRANSFORMATION » TECHNO-CULTURELLE

C'est peut-être l'aspect le plus étonnant et le plus significatif de tous ces débats sur l'influence de l'industrie numérique et l'urgence de sa régulation : notre capacité à nous représenter la « sphère technologique » comme une entité distincte. On pourrait presque visualiser un diagramme où la « sphère technologique » viendrait partiellement se superposer à la « sphère sociale » et la « sphère économique », formant une sorte de fleur dont le cœur indiquerait « transformation numérique ». L'objectif serait alors d'y insérer une quatrième sphère (la « sphère politique ») qui viendrait réguler l'ensemble.

Pourtant, rien n'est plus faux que l'idée d'une « sphère technologique » indépendante. Loin des scandales sur la manipulation algorithmique de nos comportements, et des théories sur la fin de la démocratie, notre quotidien est nourri par la présence familière d'innombrables outils numériques sans lesquels il nous serait bien difficile de « mener nos vies ». Nous faisons tous les jours l'expérience de notre dépendance à la technologie ; mais le sentiment d'impuissance censé en résulter demeure pour nous très abstrait. Soyons honnêtes : on ne se lève pas le matin en se sentant « dépossédé » parce qu'on accepte les multiples *nudges* de notre téléphone. On n'a pas non plus l'impression de « perdre son libre arbitre » quand on laisse l'intelligence artificielle de Google anticiper la fin d'une formule de politesse. On a simplement conscience qu'*en théorie*, ces technologies pourraient poser un problème. Et c'est bien parce que les risques liés aux effets secondaires de la technologie numérique relèvent du conditionnel, du domaine du possible, qu'on s'en inquiète, en réalité, si peu, qu'on clique si rapidement sur « Accepter tous les cookies » et qu'on s'installe dans le confort d'une consommation insouciante et décomplexée de la technologie.

Mais comment penser l'influence de la technologie si on ne parvient plus à la distinguer de nous-même, si on ne peut plus recourir aux abstractions théoriques qui permettent d'imaginer une « industrie » d'un côté, des « institutions démocratiques » de l'autre, et des « utilisateurs-citoyens » entre les deux ? C'est toute la difficulté et la beauté du numérique : sa capillarité dans la matière du monde, si familière qu'elle en devient imperceptible, nous fait perdre la maîtrise des abstractions et des représentations par lesquelles on voudrait l'aborder. C'est précisément là, dans la relation fusionnelle que nous entretenons à la technologie, dans l'emprise morale qui en résulte, que se joue l'essentiel de la transformation numérique.

7.

Le numérique, filtre entre l'homme et le monde

Le principe organisateur et invisible du monde

Rien, dans ma vie, n'échappe au numérique. Mon réveil est une application mobile : ce matin, la sonnerie est un morceau de musique enregistré dans un studio d'URSS au milieu des années 1950, désormais accessible en un clic. Pour éviter qu'une mélodie qui m'est chère se retrouve définitivement associée au moment pénible du réveil, je change souvent de sonnerie. Le choix est vaste, parmi les milliers d'heures de musique disponibles sur mon compte iTunes. Les nouvelles du monde extérieur m'arrivent en masse avant même que j'aie quitté mon lit. Au moment où je désactive le mode avion de mon smartphone, appels manqués, messages non lus sur diverses applications cryptées, emails, notifications de multiples réseaux sociaux se succèdent – ainsi qu'une « alerte info » qui me redirige vers la version numérique d'un journal quotidien que je consulte en scrollant du bout du doigt. Sur la table de mon petit-déjeuner, la moitié des objets ont été commandés en ligne. Même mon café est issu du e-commerce. Par commodité, j'ai pris un abonnement sur le site internet du torréfacteur installé à l'angle de ma rue. Mon premier rendez-vous professionnel a lieu sur Zoom, nouveau mode de travail post-pandémie. Mes collègues apparaissent un à un sur l'écran, caméras et micros connectés. Il paraît que nos voix sont enregistrées et qu'elles seront analysées, quelque part en Chine ou en Californie, pour améliorer je ne sais quel logiciel de reconnaissance vocale. Le gros chat qui vient me distraire en pleine réunion a une puce numérique implantée entre les omoplates. Ses données sont transmises à l'I-CAD, le fichier national des identifications pour animaux domestiques. Si on scannait sa puce, on aurait accès à son matricule d'identité, qui serait aussi un peu le mien, puisqu'on y trouverait l'historique de mes déménagements depuis sa naissance, mon nom et mon numéro de téléphone. L'histoire de son adoption est par ailleurs abondamment documentée par les centaines de clichés que je prends tous les jours. Une intelligence artificielle a dû identifier la photogénie exceptionnelle de l'animal, car mon téléphone me propose de classer toutes les images de mon chat dans un album qu'il intitule lui-même « Ta boule de poils ». Je n'aurais pas mieux dit, ni mieux fait.

Ces traces numériques sont ma mémoire, elles constituent des souvenirs bien plus précis que les miens. Je consulte Flo pour suivre l'évolution de mon cycle menstruel, Santé pour connaître le nombre de mes pas et ma moyenne kilométrique hebdomadaire, mensuelle, annuelle. Parce que j'ai souscrit un abonnement à un coach sportif sur l'App Store, Santé estime aussi le nombre de calories que je dépense à chaque séance d'entraînement. Si j'avais acheté une montre connectée, Santé pourrait calculer avec une précision scientifique mes activités métaboliques et m'informerait, par exemple, des variations de mon rythme cardiaque et de mes cycles de sommeil. Ces nouveaux outils de « self-surveillance » ont d'ailleurs produit des situations cocasses, largement relayées dans la presse. Une influenceuse australienne clame par exemple avoir découvert l'infidélité de son compagnon en remarquant un pic d'activité physique enregistré par sa montre connectée à 4 heures du matin, alors qu'il jurait avoir passé la nuit tranquillement dans son lit[1]. Nos données numériques en disent long, plus long qu'on ne veut bien le croire… Mais la vibration de mon agenda électronique interrompt le

1. Cette anecdote rappelle celle du jeune New-Yorkais devenu célibataire à cause du jeu *Pokemon Go*. Convaincue qu'il la trompait après qu'il a attrapé un Pokemon au pied de l'immeuble d'une de ses anciennes compagnes, sa petite amie l'a quitté. Désespéré, clamant la coïncidence, il est allé raconter sa mésaventure au *New York Post* dans l'espoir de la récupérer.

fil de ma pensée : Google Calendar m'indique qu'il me reste seulement trois jours pour remplir ma déclaration fiscale en ligne.

La dématérialisation des services publics était une promesse de campagne du président de la République en 2017. Pour les gens comme moi, qui sont pris de panique à l'idée d'aller acheter un timbre et ont déjà attendu huit mois pour mettre à jour leur Carte vitale ou envoyer une feuille de soins à la Sécurité sociale, c'est une bénédiction. La dématérialisation facilite les démarches et permet, à long terme, une réduction des coûts. Certes, elle révèle aussi, dans l'immédiat, la fracture numérique qui divise le territoire, et complique la vie des personnes âgées et des Français non connectés des milieux ruraux. Mais le gouvernement s'est engagé à développer les infrastructures nécessaires au tout-numérique dans les plus brefs délais[1]. Bientôt, en France, toutes les vies seront comme la mienne : numérisées dans leurs moindres détails. Car tel est le sens du progrès, tel est son cours, inévitable et désirable, celui d'une accélération[2].

Des applications mobiles qui remplacent la bureaucratie de l'État aux carrières politiques qui se font et se défont sur Twitter, des cryptomonnaies aux

1. BRYGO, Julien, « Les millions d'oubliés du "tout numérique". Peut-on encore vivre sans Internet ? », *Le Monde diplomatique*, août 2019.

2. ROSA, Hartmut, *Accélération*, Paris, La Découverte, 2010.

applications de rencontres, la technologie numérique tient toujours les mêmes promesses : d'une part, elle facilite et accélère les échanges, de l'autre, elle rend les êtres et les choses disponibles, de façon quasipermanente et illimitée[1]. Comme l'explique justement Shoshana Zuboff, le numérique a réalisé tous les désirs de la « société des individus » (qu'elle appelle la « seconde modernité »), cette société où l'appartenance à une classe sociale est devenue aussi factice qu'intolérable, et où chacun souhaite affirmer sa singularité, construire sa propre identité, se libérer le plus possible de toute forme de prédétermination et de normes sociales pour forger soi-même son parcours, choisir ses affinités, ses relations et ses appartenances[2]. À cet individu assoiffé d'autodétermination, le numérique a offert un terrain de jeu inespéré, démultiplié le champ des possibles au point de le transformer définitivement en cet enfant capricieux qu'on appelle aujourd'hui le « millenial ». « Je veux tout, tout de suite, à un prix abordable », telle serait la devise de notre (« troisième ») modernité… Et celle de ma génération. C'est sans doute parce qu'elle nous sied si bien, parce qu'elle répond si profondément aux attentes d'individualisation de

1. Rosa, Hartmut, *Rendre le monde indisponible*, Paris, La Découverte, 2020.

2. Zuboff, Shoshana, *The Age of Surveillance Capitalism*, Londres, Profile books, 2019.

la société, que nous l'avons acceptée si vite, cette transformation numérique, que nous l'avons invitée dans tous les domaines de la vie sociale, urbaine, économique, politique et intime, et que nous avons observé, le plus souvent avec une exaltation non dissimulée, le numérique s'imposer, en l'espace de quelques années, comme le principe organisateur de notre monde.

Or, plus il est partout, plus il est nulle part : son omniprésence est précisément ce qui rend le numérique « invisible[1] ». Cela même qui redéfinit, au rythme d'innovations disruptives, la manière dont je communique, dont je travaille, dont je me déplace, dont je rencontre l'autre, dont j'apprends, dont je paie mes impôts, dont je vote et dont je tombe amoureux, demeure mystérieux, insaisissable.

Car plus elle devient essentielle à ma vie quotidienne, plus la technologie perd de sa matérialité pour devenir une sorte d'excroissance organique, naturelle,

1. En français, on emploie d'ailleurs souvent le terme « dématérialisation » pour parler de la « numérisation ». Il ne pourrait être mieux trouvé. Il faut noter qu'il existe par ailleurs toute une littérature sur la question de l'ontologie du numérique et l'étude du rapport entre le numérique et le réel. Si certains affirment que le numérique entraîne une perte du rapport avec l'espace réel (Serres 1994 ; Koepsell 2003 ; Virilio 2010), d'autres considèrent que nous vivons désormais dans un espace hybride au sein duquel la distinction stricte entre réel et numérique n'a plus de sens (Vitali-Rosati 2012 ; Floridi 2014).

tellement vitale qu'on n'y prête plus attention. Plus qu'un outil, elle devient une extension de soi. Mon sens de l'orientation dépend autant de ma mémoire que de mon GPS, mon identité est indissociable de celle que je donne à voir en ligne, et que j'ai construite à tâtons, depuis l'adolescence, de Caramail à Messenger, de Skyblog à Facebook, d'Instagram à TikTok, de Twitter à Medium.

Depuis les années 1980, de nombreuses études aux frontières des neurosciences, de la sociologie comportementale et de la psychologie ont montré comment les ordinateurs influencent notre manière de nous construire et de nous percevoir en tant qu'humains. On connaît désormais le rôle essentiel des réseaux sociaux pour l'image de soi[1], on sait que les humains de tous âges, des bébés aux personnes âgées, peuvent développer des sentiments pour leurs robots de compagnie[2], et que les univers virtuels génèrent des émotions et des attachements très « réels »[3]. Il ne fait aucun doute que la technologie est chargée de sens pour l'individu qui l'utilise, qu'elle transforme de manière organique, intime et

1. Boyd, Danah, *It's Complicated: The Social Lives of Networked Teens*, Santa Barbara, Yale University Press, 2015.

2. Voir « Technology and Human Vulnerability », *Harvard Business Review,* septembre 2003.

3. Lavoie, Raymond, « Virtual experience, real consequences: the potential negative emotional consequences of virtual reality gameplay », *Virtual Reality*, vol. 25 n°1, mars 2021.

incarnée l'expérience que l'on fait de soi-même et du monde[1].

Pour la génération « alpha », née après 2011[2], l'intégration est complète, et la frontière entre l'humain et le technologique, définitivement floue. C'est ce qui fait dire à certains que distinguer le réel du virtuel n'aurait déjà plus vraiment de sens. Il faudrait accepter que l'on habite un espace hybride, et laisser aux philosophes le soin de s'arranger avec les nouveaux contours de cette « ontologie numérique[3] ». Pour Mark Zuckerberg, cette hybridation toujours plus poussée du réel et du virtuel est inévitable, elle est le sens même du progrès. Bien avant l'annonce de la transformation de Facebook en Meta, il avait déjà, dans un message publié sur sa page Facebook en janvier 2020, laissé entendre que la décennie à venir serait celle de la réalité virtuelle et augmentée[4]. Le métavers incarne précisément cette transition des télécommunications vers des interactions toujours plus virtuelles et débarrassées de l'intermédiaire physique

1. Turkle, Sherry, *Life on the Screen: Identity in the Age of the Internet*, New York, Simon & Schuster, 1997.

2. Cette génération est parfois appelée la « iGeneration » car elle n'a jamais connu la vie sans iPhone.

3. Vitali-Rosati, Marcello, Monjour, Servanne et Treleani, Matteo, « L'ontologie du numérique, Entre *mimésis* et réalité », *SensPublic*, 2017.

4. Extrait du post public de Mark Zuckerberg, publié le 9 janvier 2020.

qu'est l'outil technologique lui-même. Contrairement aux smartphones, auxquels on reproche de créer une « distance » entre l'individu et son interlocuteur, les nouveaux modes d'interaction des univers virtuels immersifs devraient nous permettre, selon Zuckerberg, d'être « plus présents » les uns pour les autres car ils donneront le sentiment d'être véritablement « avec » l'autre[1].

On doit, certainement, y lire le signe d'un progrès. Qui n'aurait pas aimé que ses proches, en quarantaine à l'autre bout de la France, puissent se sentir moins seuls ? Qui n'a jamais rêvé de pouvoir se téléporter en bord de mer depuis son appartement ? Mais en dépit de ces promesses alléchantes, la fusion progressive et insidieuse du réel et du virtuel induite par le numérique a quelque chose de déstabilisant. L'immatérialité de la technologie est aussi ce qui scelle son emprise. Omniprésente et invisible, elle façonne continuellement notre rapport au monde, filtre le regard et la pensée. Comment prendre conscience de ce qu'on ne voit plus ? Comment s'émanciper de ce qui nous organise ? Comment penser le « tout » quand on est la « partie » ?

On aimerait penser le numérique comme un outil, comme l'instrument nous permettant de parvenir plus

1. Milmo, Dan, « Enter the Metaverse: The Digital Future Mark Zuckerberg is Steering Us Towards », *The Guardian*, 28 octobre 2021.

rapidement, plus efficacement, plus agréablement à nos fins. En effet, tous les jours, nous mettons l'outil numérique au « service » d'une multitude de tâches et d'objectifs pour répondre à nos besoins[1]. Mais on ne peut pas s'en tenir à une lecture aussi instrumentale de la technologie[2]. Il faudrait dans ce cas reconnaître que l'instrumentalisation fonctionne à double sens. Le numérique nous sert autant que nous le servons. Il règle et rythme le monde, gouverne autant l'économie et les relations sociales que la construction psychique du sujet. Si on l'a appelé « principe organisateur », c'est parce que rien ne lui échappe. Le « tout-numérique » est une totalité englobante dans laquelle nous ne sommes que des « parties », incapables d'exister pleinement sans lui être connectées[3].

1. Envisager la technologie comme un simple « outil » présuppose que l'on en tienne les rênes, que l'on soit maître de ses fonctions et de ses effets. Nietzsche voyait par exemple dans le progrès technique la manifestation de la domination et de la supériorité de l'homme sur la nature.

2. Beyes, Timon, Leeker, Martina et Schipper, Imanuel, *Performing the Digital*. Dans l'introduction, les auteurs considèrent qu'avoir une vision instrumentale de la technologie numérique aujourd'hui est simplement « absurde ».

3. Dans sa *Politique*, Aristote a recours à une célèbre métaphore pour expliquer la relation entre l'individu (la partie) et la société (le tout). Une main ne sert à rien, nous dit-il, sans le bras et le corps auxquels elle se rattache. Il défend ainsi l'idée qu'un homme ne peut développer son plein potentiel en dehors de la *polis* (la société) à laquelle il appartient. À l'aune de notre rapport organique à la

Le numérique nous dévoile (en ce que nous existons par lui), autant qu'il nous « dépossède ». Nos vies, nos transactions, nos déplacements, nos échanges quotidiens produisent les milliards de données que la machine exploite pour son fonctionnement : nous sommes le « stock disponible », la matière première[1]. Et la conscience que nous avons d'être ainsi traqués ne fait que renforcer l'ambiguïté de notre rapport au numérique.

L'insaisissable fluidité du numérique

Il y a quelque chose d'insaisissable dans la notion même de « numérique ». Le concept est glissant, fluide, dématérialisé, exactement comme les technologies qui l'incarnent. Une fois posé que le numérique permet de traiter et de coder l'information à l'aide du système binaire, on se retrouve face à l'ineffable fluidité de cette notion, à ce que Zygmunt Bauman appellerait sa *liquidité*[2].

technologie, il semble judicieux d'interroger la relation entre l'individu et le numérique dans les mêmes termes, en se demandant lequel est la partie, et lequel est le tout.

1. Les termes entre guillemets sont ceux employés par Heidegger dans ses essais et ses cours sur *La Question de la technique*.

2. BAUMAN, Zygmunt, *Liquid Modernity*, New York, Polity, 2000. Pour Bauman, la « liquidité » (au sens de fluidité) est la caractéristique première de notre société contemporaine, et résulte

J'entends par fluidité du numérique le fait que sa signification évolue en permanence, au fil de ses nouvelles applications. Ce que les premiers informaticiens du MIT comprenaient par « numérique » dans les années 1940 est très éloigné de ce que la notion représentera 50 ans plus tard avec l'arrivée du World Wide Web[1], du Web 2.0 puis des objets connectés, qui ont tour à tour transformé la portée du numérique. Cela s'explique par la nature même de cette technologie, et plus spécifiquement par deux de ses propriétés essentielles : son caractère disruptif d'une part, et sa fonction performative de l'autre.

Selon la célèbre « loi de Moore[2] », le progrès de la technologie numérique suit une courbe de croissance exponentielle : la puissance et/ou la vitesse de

de la « révolution de l'information » portée par le développement des nouvelles technologies. La notion de « liquidité » exprime le fait qu'il y ait, dans la société mondialisée, de moins en moins d'états solides, permanents, l'accent étant mis désormais sur le changement, la flexibilité et le provisoire.

1. Le World Wide Web est le système hypertexte public qui a permis la navigation sur Internet par des moteurs de recherche, et donc la publication de pages et de sites.

2. Il ne s'agit pas d'une loi physique mais d'un constat empirique relatif à l'évolution de la puissance de calcul des ordinateurs. À l'origine, la loi stipule que la densité des transistors sur une puce électronique double tous les deux ans. Cette loi est entrée dans le langage courant et est souvent utilisée pour décrire le progrès de la technologie numérique en général, dont les capacités et la vitesse de stockage doublent tous les dix-huit mois.

calcul des ordinateurs double tous les dix-huit mois ; tandis que, pour la même puissance, le prix est divisé par deux tous les ans. Partant de ce constat, Ray Kurzweil, le « futurologue » de Google, a développé la « loi du retour accéléré ». Il postule que tout ce qui peut être numérisé, c'est-à-dire représenté sous forme de 0 et de 1, de la musique aux biotechnologies jusqu'aux sciences cognitives, connaît la même croissance exponentielle que les capacités de computation[1]. Le numérique est donc en soi ce qu'il appelle une « technologie exponentielle », c'est-à-dire une technologie qui, par nature, non seulement évolue en permanence, mais le fait de façon exponentielle. Les produits et les services numériques deviennent donc de plus en plus performants, autant en termes d'efficacité que de coûts, et le rythme de croissance de leurs capacités ne cesse de s'accélérer[2].

---

1. KURZWEIL, Ray, *The Law of Accelerating Returns*. Kurzweil ajoute par ailleurs que les conséquences de la croissance exponentielle des capacités de computation sont elles-mêmes exponentielles. En d'autres termes, lorsqu'un domaine de connaissance est transformé en une technologie numérique, celle-ci croît de façon exponentielle, et engendre du même coup une croissance démultipliée des connaissances dans ce domaine.

2. Aujourd'hui, cette loi de Moore est partiellement remise en question par les limitations physiques des processeurs, bloqués depuis quelques années entre 3 et 3,5 GHz de fréquence, sans parvenir à aller au-delà. Certains considèrent donc que ce sera désormais par les progrès de l'informatique quantique que se poursuivra la croissance exponentielle de la technologie numérique.

Cela explique, par ricochet, pourquoi tout ce qui est numérique est disruptif. En effet, l'arrivée d'une nouvelle technologie produit inévitablement une rupture dans les usages, et donc un bouleversement sur le marché. Pourquoi acheter un disque lorsqu'on peut avoir accès à une librairie musicale illimitée sur iTunes ? L'efficacité, la simplicité et l'accessibilité garanties par le numérique conduisent à l'adoption massive de ses innovations, et à l'évincement progressif, et souvent inéluctable, de l'analogique[1]. Il se crée alors une nouvelle « abondance » : pour les usagers et les consommateurs, l'offre est de plus en plus variée et performante.

L'accélération du progrès technologique demande de notre part un effort d'adaptation constant, mais celui-ci n'est pas déplaisant. Lorsqu'on peut se le permettre, c'est un plaisir de s'offrir le dernier gadget. En revanche, ce caractère exponentiel est intellectuellement déstabilisant, parce que l'esprit humain peine à l'intérioriser. On a beau connaître la loi de Moore, notre tendance naturelle est d'anticiper l'avenir en fonction de ce que l'on a observé dans le passé. En d'autres termes, l'homme ne raisonne

1. DIAMANDIS, Peter et KOTLER, Steven, *Abundance: The Future Is Better Than You Think*, Detroit, Free Press, 2012. Diamantis, qui est co-fondateur, avec Kurzweil, de la *Singularity University*, développe dans ce livre la théorie des « 6 D » de la technologie digitale, dans laquelle il explique, entre autres, son caractère inévitablement « disruptif ».

jamais de façon exponentielle, il pense « naturellement » de manière linéaire.

Pour Kurzweil, c'est dans ce manque d'imagination, dans notre incapacité à « viser la Lune » (alors que ces technologies exponentielles nous le suggèrent tant !), que résident nos principales limites. Il propose d'ailleurs de former des entrepreneurs, penseurs et décideurs au développement d'un « état d'esprit exponentiel » (*exponential mindset*) qu'il appelle aussi « état d'esprit de l'abondance », grâce auquel on apprendrait à tirer tous les bénéfices du potentiel technologique, y compris dans la connaissance pure et la recherche scientifique[1].

Il n'en demeure pas moins que la rapidité du progrès technologique, doublée de sa nature exponentielle, demeure étrangère à nos schémas de pensée traditionnels, et a donc un côté aliénant. Partout où l'on aimerait fixer la notion pour se l'approprier, le numérique se défile : physiquement, il ne cesse de s'incarner dans de nouveaux objets, de produire de

1. Kurzweil est l'une des figures de proue du mouvement de la Singularité. La Singularité défend l'idée que le progrès technologique permettra bientôt l'avènement d'un âge post-humain, ou transhumain, où tous les problèmes du monde, et tous les inconvénients liés à notre existence biologique, comme la maladie et la mort, seront réglés par l'avènement d'une super-intelligence. Kurzweil a aussi fondé la Singularity University, dans laquelle il propose des *workshops* pour développer un état d'esprit exponentiel.

nouveaux paradigmes. Intellectuellement, il bouscule nos constructions mentales, échappe au cadre de ce qui est connu et confortable. Tout se passe comme si, pour l'appréhender, il fallait accepter de se soumettre à la force de son courant et se laisser porter jusqu'à la rive où il nous laissera échoués.

Par sa nature exponentielle et disruptive, le numérique engendre donc, à chaque nouveau développement technologique, de nouvelles pratiques, de nouveaux usages. En ce sens, le numérique a une fonction performative[1] : il contribue ainsi à écrire le monde dans lequel on vit. Ou, comme dirait Bruno Latour, il « inscrit une histoire[2] ».

Cette fonction performative nous donne une information essentielle : elle nous indique que le sens du numérique doit être cherché au travers des usages que nous en faisons. La sémiotique, par exemple, considère que le sens d'une chose n'apparaît qu'à travers l'expérience qu'on en fait. Chercher le sens dans ce

1. Callon, Michel, *Laws of the Markets*, New York, Wiley-Blackwell, 1998. Le concept de performativité, qui, dans la philosophie du langage, est le phénomène par lequel le fait d'énoncer quelque chose fait advenir cette chose dans la réalité, a été repris et adapté au domaine de la sociologie économique, par Michel Callon notamment. Celui-ci explique que la théorie financière qui a donné lieu aux algorithmes de calcul utilisés sur les marchés (l'énoncé) constitue désormais le cœur de l'activité économique (la réalité).

2. LATOUR, Bruno, *Aramis ou l'Amour des techniques*, Paris, La Découverte, 1992.

qui est figé, objectif ou abstrait est voué à l'échec : le sens ne se révèle que dans l'action, et plus précisément dans l'interaction des esprits humains. Husserl le formule peut-être plus clairement encore. Pour lui, le sens émane du « monde vécu », il est toujours une interprétation que l'on tire de l'expérience personnelle et collective[1]. En suivant cette idée, le « sens » du numérique devrait donc se lire dans l'expérience que nous faisons de ses outils. Cela explique pourquoi on a compris le numérique de façon si différente selon les époques.

Ainsi, dans les années 1960, le numérique a été appréhendé comme un outil de contrôle social. Rien d'étonnant à cela, quand on pense que l'ordinateur était alors réservé aux institutions, et notamment à l'armée, en pleine guerre du Vietnam. Puis, la privatisation d'Internet et le développement du *personal computer* ont progressivement transformé l'image du numérique, passé dans l'opinion publique d'une technologie de contrôle institutionnel à une technologie d'émancipation individuelle[2]. Enfin, lorsque dans les années 1980, le numérique remplace le signal analogique dans la plupart des réseaux

1. HUSSERL, Edmund, *Crise des sciences européennes et phénoménologie transcendantale*, Paris, Gallimard, 1976. Pour Husserl, l'ontologie du sens correspond à l'ontologie du monde vécu, le « *Lebensewelt* », ou « *life world* ».

2. TURNER, Fred, *From Counterculture to Cyberculture*, *op. cit.*

de télécommunications, on le comprend comme l'emblème d'un nouvel âge, comme ce qui pourrait donner lieu à un nouveau monde, plus connecté, plus décentralisé et *in fine* plus libre. La technologie numérique permet à ce moment-là de compresser, de conserver et de transmettre d'immenses quantités d'informations beaucoup plus rapidement qu'auparavant, elle donne naissance à tout ce que l'on regroupe sous l'appellation « nouvelles technologies de l'information et de la communication » (NTIC). Les téléphones cellulaires, Internet, la télévision par satellite sont, à l'époque, une révolution. On est sûrs d'être entrés dans une nouvelle ère. Pour la qualifier et pour la comprendre, on observe les effets et les fonctions de ces nouvelles technologies : elles connectent les individus à l'information, permettent sa diffusion massive, rapide, quasi instantanée, c'est l'avènement de la « société de l'information », concept qui inondera pendant quinze ans au moins les manuels scolaires, les articles universitaires et tous les commentaires ayant trait, de près ou de loin, à la mondialisation.

Aujourd'hui pourtant, à l'heure où l'ordinateur portable, le smartphone et une connexion internet passent pour des biens de première nécessité, l'expression « NTIC » fait sourire tant elle semble obsolète. Bien sûr, nous sommes toujours (et peut-être plus que jamais, maintenant que Facebook constitue le premier média au monde), une « société de l'information », mais le concept paraît étriqué au vu des récentes transformations des usages du numérique[1].

Les technologies de la « société de l'information » servaient avant tout à communiquer du texte plus rapidement et plus massivement. Emails, blogs, sites internet, radios et chaînes de télévision numériques, téléphones portables, chats et forums illustrent bien ce phénomène et le rôle révolutionnaire qu'a joué le numérique à ce moment-là. Tout à coup, des quantités inédites de texte ont pu être produites, échangées et communiquées. Mais aujourd'hui, le numérique a largement dépassé le cadre de la « communication » : il ne s'agit plus de coder et d'échanger du texte, mais de transformer en information numérique des éléments du réel qui n'ont plus rien de textuel. De notre consommation énergétique à nos battements cardiaques, de la circulation routière à notre ADN, la « source brute » qui peut être traduite en données numériques est désormais infinie. C'est ce qu'on nomme la « datafication » du monde, qui est au cœur de la transformation numérique aujourd'hui : la capacité à traduire en données des

1. C'est bien pour cela que la nomination d'une « ministre des télécommunications » au gouvernement Borne en juillet 2022 a été raillée dans la presse. Voir JEAN, Aurélie, « Ministre des télécommunications… Bienvenue au XXe siècle ! », *Le Point*, 10 juillet 2022.

aspects du monde qui n'avaient jamais été quantifiés auparavant[1].

La « fluidité » de la technologie numérique (qui change en permanence et transforme son environnement au fur et à mesure de ses évolutions) la rend donc impossible à « fixer ». L'évolution permanente de ses usages et du sens qu'on leur donne explique que l'on ait plaqué sur cette technologie autant de fantasmes, d'arguments idéologiques, de peurs et d'espoirs : la technologie numérique invite à autant d'interprétations qu'elle a de fonctions, elle est évanescente « par nature ». Elle ne tient qu'une promesse : celle de ne plus être la même demain.

Une technologie englobante

L'effet neutralisant du sensationnalisme

La cadence infernale de l'innovation technologique est déjà, au premier abord, incompatible avec la temporalité lente de la réflexion critique, qui ne peut jamais être une réaction à chaud mais requiert, au contraire, une forme de suspension, de temps mort,

---

1. CUKIER, Kenneth et MAYER-SCHOENBERGER, Viktor, « The Rise of Big Data: How It's Changing the Way We Think About the World », *Foreign Affairs*, vol. 92, n° 3, 2013.
CRAWFORD, Kate, *Atlas of AI: Power, Politics, and the Planetary Costs of Artificial Intelligence*, New Haven, Yale University Press, 2021.

de silence pour faire taire le bruit étourdissant de l'actualité.

En outre, il est d'autant plus compliqué de s'extraire de l'immédiateté du temps technologique que l'innovation est toujours présentée comme un *événement*. Quand *The Economist* titre que « la donnée est au XXIe siècle ce que le pétrole a été au XXe[1] », quand le *Wall Street Journal* annonce que « la vie privée n'existe plus[2] », ou quand Tim Cook présente le dernier iPad à la Keynote d'Apple[3], c'est toujours quelque chose d'inédit qu'on nous présente, l'avènement d'une « nouveauté » sans précédent.

Cette rhétorique sensationnaliste véhicule l'idée selon laquelle l'innovation numérique produirait du « jamais-vu », et en produirait souvent. La Silicon Valley a d'ailleurs transformé ce sensationnalisme en culture d'entreprise, à coups de slogans volontaristes : « *Move fast and break things. Unless you're breaking things, you're not moving fast enough.* » Or, en faisant de la rupture et de la rapidité les deux moteurs de l'innovation numérique, Mark Zuckerberg n'incite pas seulement à l'accélération (et à l'acceptation de cette accélération permanente comme nécessité

1. « The world's most valuable resource is no longer oil, but data », *The Economist*, 6 mai 2017.

2. Mims, Christopher, « Privacy Is Dead. Here's What Comes Next », *Wall Street Journal*, 6 mai 2018.

3. Apple Keynote, juin 2019.

historique), il fait du progrès technologique une suite continue d'« événements ».

Dans les deux cas, il rend doublement plus difficile de conserver une forme d'indépendance d'esprit par rapport à la marche forcée de la transformation numérique. D'une part, car le slogan « *Move fast and break things* » n'est qu'une reformulation habile de la « doctrine de l'inévitabilité » du progrès technique. C'est en tout cas la thèse de Shoshana Zuboff, qui qualifie cette doctrine de « fraude », de « ruse » ou encore d'« arme virale au service d'un nihilisme moral, programmée pour nous rendre impuissants et passifs » face à des technologies qui semblent incarner une force implacable[1].

D'autre part, car faire de toute innovation un « événement » maintient le public dans une position de passivité et de surprise. Un événement, en philosophie, correspond au surgissement de l'inattendu, de l'imprévisible. L'événement suppose un processus de création pure. Rien n'aurait pu permettre de l'anticiper, car il brise toutes les chaînes de causalité[2]. Face à l'événement, on est donc toujours pris au dépourvu. Comme on ne peut pas le prévoir, il faut nous adapter à son avènement.

---

1. ZUBOFF, Shoshana, *The Age of Surveillance Capitalism*, *op. cit.*, p. 225.

2. SÈVE, Bernard, « Quelques approches de l'événement », *Methodos*, vol. 17, 2017.

Ainsi, lorsqu'une nouvelle technologie est mise sur le marché et qu'elle « crée l'événement », elle est brandie comme un miracle de créativité et d'ingénierie, comme le surgissement imprévisible du génie entrepreneurial. Alors, à moins d'en être soi-même l'un des architectes, on ne peut être, face à l'événement, qu'un consommateur informé dont la liberté se résume à choisir le degré d'empressement avec lequel on acquerra la dernière « nouveauté » mise à notre disposition. L'événementialisation de l'innovation numérique renforce donc notre passivité, mais aussi le sentiment d'impuissance que l'on peut avoir face à l'accélération du progrès.

Cela est d'autant plus problématique que ce phénomène repose sur une idée fausse. En dépit des slogans de la Silicon Valley, ses innovations ne sont pas des « événements ». Et même dans sa version la plus récente, le numérique s'inscrit dans l'une des plus importantes et des plus anciennes traditions de la pensée occidentale. Le Big Data a vu le jour au début des années 2000, mais il n'est que la dernière manifestation d'un projet dont l'origine remonte aussi loin que les Lumières, et que le numérique reformule aujourd'hui de façon à lui donner l'apparence d'une idée neuve : celui de la Raison[1].

---

1. GOLUMBIA, David, *The Cultural Logic of Computation*, Harvard, Harvard University Press, 2009.

La traduction du monde en données

Chez les philosophes grecs déjà, la « traduction » ou « représentation » du monde en un système de symboles s'impose comme une nécessité, et une étape indispensable sur le chemin de la connaissance. Pour comprendre le réel, il faut l'observer, mais il faut surtout être capable de traduire ces observations à l'aide d'un système logique et rationnel (*logos*), qui libère nos perceptions brutes des préjugés de notre subjectivité et de l'illusion des apparences. Même les épicuriens et les stoïciens, pour lesquels la connaissance passe avant tout par l'expérience sensible du monde, considèrent que nos perceptions sensorielles ne signifient rien tant qu'elles ne sont pas articulées par le symbolisme médiateur d'une langue et la réglementation d'une grammaire. La traduction du monde en données symboliques – que ces symboles soient ceux d'une langue naturelle ou ceux des mathématiques – est donc le fondement premier de l'attitude rationaliste[1].

Dès l'Antiquité grecque, la mathématique s'impose comme une langue de choix dans la recherche de la vérité et la compréhension du réel. Elle fournit le paradigme d'un symbolisme précis, objectif et sans équivoque qui semble particulièrement adapté à l'exercice de la pensée abstraite et logique par

1. GRANGER, Gilles-Gaston, *La Raison*, Paris, PUF, 1996.

laquelle le réel devient accessible à la raison. On ne traduit pas encore le réel en 0 et en 1, mais on essaie d'expliquer tous les phénomènes par le biais de la physique, de la mesure et du calcul.

L'idée selon laquelle le calcul est l'expression la plus pure de la raison et la forme de pensée la plus à même d'accéder à la vérité est réaffirmée avec vigueur au siècle des Lumières, qui consacre le rationalisme comme l'attitude philosophique ultime[1]. Au début du XVIIe siècle, Descartes fait de la mathématique la « méthode générale » de la pensée rationnelle. Pour lui, elle est la seule science disposant de principes assez clairs pour traduire objectivement la réalité du monde. De l'autre côté de la Manche, Thomas Hobbes, contemporain de Descartes et familier de ses travaux, reformule cette idée et affirme, dans un traité de linguistique, que « penser » revient à « calculer »[2]. La mathématique s'impose donc comme la langue universelle de la raison. En outre, Descartes est convaincu que cette « raison mathématique » nous donne une supériorité inégalée sur notre environnement. Selon lui, traduire le monde et ses problèmes en symboles mathématiques nous donne une connaissance « mécanicienne » des choses

1. SAUL, Paul Ralston, *Voltaire's Bastards: The Dictatorship of Reason in the West*, Santa Barbara, Simon & Schuster, 2013.

2. HOBBES, Thomas, *Computatio sive logica: Logic De Corpore (Part 1)*, Norwalk, Abaris Books, 1981.

et des phénomènes naturels. Or, si l'on est capable de reconstituer les phénomènes naturels comme s'il s'agissait de « machines », alors nous sommes aussi capables de les manipuler comme des machines[1]. L'exercice de la raison mathématique n'est donc pas seulement la preuve de notre intelligence et de la supériorité de l'homme sur l'animal, elle est le moyen grâce auquel l'homme peut dominer la nature.

Moins d'un demi-siècle plus tard, Gottfried Wilhelm Leibniz, nourri de rationalisme cartésien, place dans la raison mathématique une foi encore plus grande que ne l'avait fait Descartes. Pour lui, la science doit être le moteur du progrès de l'humanité. Le philosophe est persuadé qu'elle peut régler les problèmes du monde, apporter la paix et améliorer la condition humaine[2]. Son optimisme légendaire[3] a été fameusement tourné en dérision dans le célèbre conte philosophique de Voltaire, *Candide ou l'Optimisme*, mais il a surtout inspiré à Leibniz l'une de ses intuitions les plus remarquables. Leibniz était un grand rêveur. Comme l'explique Deleuze dans ses cours du printemps 1980 à Vincennes, « Leibniz rêvait beaucoup. Il avait un

1. DESCARTES, René, *Discours de la méthode*, Paris, Flammarion, 2016.

2. ANTOGNAZZA, Maria Rosa, *Leibniz: A Very Short Introduction*, Oxford, Oxford University Press, 2016.

3. Leibniz, né dans une Allemagne dévastée par la guerre de Trente Ans, considérait malgré tout qu'il s'agissait du « meilleur des mondes possibles ».

côté science-fiction absolument formidable[1] ». Ses innombrables écrits et sa correspondance dénotent en effet une imagination débordante et une vision extraordinairement ambitieuse. L'un de ses grands projets consistait à développer un « alphabet de l'esprit humain » à l'aide d'une *characteristica universalis*, c'est-à-dire un système universel de symboles mathématiques grâce auquel il serait possible de venir à bout de l'imprécision du langage naturel. Ce nouveau langage mathématique permettrait d'exprimer chaque facette de la connaissance et chaque règle de calcul de manière claire et objective. Leibniz espérait ainsi pouvoir révéler toutes les connexions logiques et les interrelations qui existent entre les concepts. Il imaginait un système permettant de représenter toutes les étapes de la réflexion et d'expliciter les relations entre nos pensées vagabondes[2]. Leibniz a radicalisé la raison mathématique cartésienne. Pour lui, l'univers entier, y compris ce qui semble en apparence parfaitement inexplicable, a, en réalité, une explication rationnelle. Tout ce qui advient dans le monde n'est que le résultat d'une chaîne infinie de raisons qui relient les choses et les événements. Il n'y a jamais de hasard, il n'y a rien d'impossible à comprendre, à condition néanmoins de pouvoir se représenter cette

1. DELEUZE, Gilles, *Cours sur Leibniz*, session du 15 avril 1980.
2. DAVIS, Martin, *Engines of Logic: Mathematicians and the Origin of the Computer*, New York, W. W. Norton & Co, 2001.

chaîne infinie de causalités à l'aide d'un système de symboles suffisamment complet et précis.

Pour David Golumbia, cette obsession de tout expliquer, tout représenter, comme s'il y avait toujours, entre les pensées, un lien logique, identifiable et explicable, révèle surtout une terrible anxiété face à l'ambiguïté qui caractérise toute expérience et toute vie humaine[1]. La théorie de Leibniz, tout génie qu'il fut, rappelle les caprices d'un adolescent démuni face à la découverte de sa propre contingence, incapable d'accepter qu'une partie du sens de l'existence lui échappe. Le rêve de Leibniz était d'éliminer, grâce à un nouveau langage mathématique, tout ce qui est imprécis et ambigu dans la matière sociale et dans l'expérience humaine. C'est ce projet pharaonique qui l'a conduit à développer les bases de ce que l'on appelle aujourd'hui le calcul booléen, à l'origine de la technologie numérique et des premiers ordinateurs.

L'hypothèse centrale du projet leibnizien est d'ailleurs étonnamment similaire à celle sur laquelle repose la logique numérique contemporaine de « traduction du monde en données ». Elle présume qu'une forme de calcul mathématique peut représenter des propositions qui ne sont pas mathématiques par nature, mais peuvent se conformer à des règles mathématiques. C'est ce qui fait dire à David Golumbia que l'informatique n'est que l'actualisation de ce rationalisme

1. Golumbia, David, *The Cultural Logic of Computation*, *op. cit.*

hérité des Lumières, selon lequel le calcul mathématique pourrait rendre compte de tous les aspects du monde matériel, et particulièrement des mondes sociaux et mentaux. Le développement des analyses psychométriques (qui ont causé la célébrité et la chute de *Cambridge Analytica*) et des produits de « modification comportementale » actualise ainsi le projet de Leibniz d'identifier les « relations entre nos pensées », à la différence près que ces analyses et produits cherchent à manipuler l'humain à des fins commerciales quand Leibniz, lui, visait la paix dans le monde et la gloire de Dieu. C'est néanmoins cet héritage qui conduit Martin Davis à conclure que le numérique est la réalisation du « rêve de Leibniz ».

Le processus de datafication, c'est-à-dire la traduction du monde social et matériel en données, souscrit donc au projet très ancien de la raison mathématique. Quand Leibniz rêve de représenter par sa *characteristica universalis* « toutes les facettes de la connaissance » et « toutes les relations entre nos pensées », quand Google décide de se lancer dans l'indexation exhaustive de notre environnement physique à l'aide de Google Earth, Google Maps et Street Views[1], ou quand la *blockchain* promet de garder dans ses blocks les traces indélébiles de tout ce qui a été écrit et échangé, la finalité est la même : représenter le monde

1. ZUBOFF, Shoshana, *The Age of Surveillance Capitalism*, *op. cit.*, voir p. 142-155.

jusque dans ses moindres détails, tout quantifier, tout répertorier, tout expliciter.

Retracer les origines philosophiques de cette logique de datafication nous enseigne une chose essentielle sur son essence : elle participe d'une vision du monde dans laquelle rien n'échappe à l'observation et à la quantification, et dans laquelle l'objectif est une forme de transparence totale.

*

Face à la nature intrinsèquement fluide, disruptive, performative du numérique, nous nous trouvons conceptuellement démunis et intellectuellement dominés. L'accélération de la transformation numérique, sa dimension totalisante, englobante, et surtout très « personnelle », a eu pour conséquence paradoxale de nous faire prendre conscience de notre passivité face au progrès technologique. Non seulement nous consentons à ce que Gmail termine nos phrases, à ce que Maps choisisse notre itinéraire, à ce que Spotify présélectionne des morceaux qui pourraient nous plaire et à ce que OkCupid nous suggère l'âme sœur, mais nous avons aussi parfaitement intégré le fait que ces technologies, comme les médicaments, nous sont livrées avec une liste d'effets secondaires « aliénants ». Parfois, la reconnaissance de leur emprise psychologique figure même dans le produit fini, comme ces iPhones qui incluent d'office une application pour contrôler le temps passé sur nos téléphones et nous permettre de surveiller le degré de notre addiction aux réseaux sociaux ou aux jeux vidéo.

Or, la conscience de cette ambiguïté fait naître un soupçon. Qui est cette technologie qui partage nos vies depuis vingt ans ? Qui sommes-nous devenus ? À force de ne plus se quitter, on ne se « voit » plus. « Tout doucement, sans faire de bruit », comme dans la chanson d'Yves Montand, notre empreinte s'efface dans le confort de l'habitude, on perd le sens de soi et de l'autre. Pris dans l'immédiateté de notre relation fusionnelle au numérique, nous ressentons le premier symptôme d'une crise de sens : celui d'une crise d'identité.

8.

Le bouleversement des représentations collectives

La technologie et les frontières de l'espoir

Ce qu'il nous est permis d'espérer, notre « horizon des possibles », est un fait social. C'est un imaginaire que l'on partage, un héritage commun. Dans nos régimes politiques libéraux, les bornes de cet imaginaire ne sont pas fixes. Elles ne cessent d'évoluer en fonction d'un ensemble de facteurs (l'état des connaissances, les avancées de la science, la législation, etc.). C'est peut-être la plus belle promesse de l'État de droit : celle de nous laisser libres de repousser éternellement les frontières de l'espoir.

Pour la démocratie libérale, une société « juste » est celle qui permet aux hommes d'espérer le plus possible. Au sortir de la seconde guerre mondiale, les régimes occidentaux ont juridiquement entériné l'idée qu'une société juste était nécessairement conditionnée à la garantie d'un certain confort économique, que l'espoir ne pouvait naître dans la misère. La satisfaction d'un certain nombre de besoins matériels est devenue un droit fondamental[1], l'État providence s'est érigé en Europe comme une barrière contre la précarité morale et matérielle : c'est ce que l'on a appelé la « démocratie de marché ».

Celle-ci fait des institutions politiques les garants d'un cadre moral, au sein duquel le marché, la science, tous les produits de l'ingéniosité et de l'entreprise individuelle peuvent éclore et fructifier librement au nom du progrès et du bien commun. Ainsi, la démocratie de marché de l'après-guerre a fait le pari que la croissance et le progrès technologique élargiraient tant les frontières de l'espoir qu'ils suffiraient à combler l'existence des hommes, et que ceux-ci trouveraient dans l'amélioration de leurs conditions et la jouissance privée de leurs biens assez de plaisir, et assez de sens, pour être définitivement détournés des tentations offertes par les projets politiques concurrents et autoritaires.

Ce pari a fonctionné à merveille. Sûrs d'avoir trouvé la solution à la misère humaine, certains ont cru un instant à la fin de l'histoire[2]. Jamais la

1. Voir la Déclaration universelle des droits de l'homme de 1948.

2. Fukuyama, Francis, *The End of History and the Last Man*, New York, Free Press, 1992.

science, la technologie, l'industrie n'avaient autant participé à l'accomplissement des idéaux démocratiques et du progrès social. Les technologies numériques ont joué dans cette dynamique un rôle essentiel. Incarnant à la fois la puissance novatrice du marché libre et l'esprit des Lumières, elles ont été célébrées, de la guerre froide aux printemps arabes, comme les véhicules de choix des grands idéaux démocratiques et libéraux de l'Occident[1]. Du micro-ordinateur au premier iPod, de Facebook aux derniers objets connectés, les innovations numériques ont offert aux individus des espaces inespérés, démultiplié l'horizon des possibles. En somme, elles ont été pour la démocratie de marché ce que l'électricité a été à la société industrielle : à la fois un point de culmination et un révélateur spectaculaire. Comme les visiteurs de l'Exposition universelle de 1889 qui s'émerveillaient devant l'« orgie de lumière » du Champ-de-Mars et voyaient dans la « magie » de l'électricité le triomphe étincelant de leur civilisation et la preuve de son indéniable

1. SHIRKY, Clay, *Here Comes Everybody: The Power of Organizing Without Organizations*, New York, Penguin Books, 2008 ; SUROWIECKI, James, *The Wisdom Of Crowds: Why the Many are Smarter than the Few and How Collective Wisdom Shapes Business, Economics, Society and Nations*, New York, Abacus, 2005 ; WEINBERGER, David, *Everything Is Miscellaneous: The Power of the New Digital Disorder*, New York, Henry Holt & Company Inc., 2007.

supériorité[1], la « société des individus[2] » a trouvé dans le numérique une forme de consécration.

Mais le vent a fini par tourner. La mécanique vertueuse par laquelle l'industrie techno-scientifique participait à la croissance économique, au progrès social et à l'accomplissement des idéaux démocratiques s'est rouillée. À mesure que la liste des « risques » inhérents aux technologies numériques s'est allongée, l'équation entre progrès techno-scientifique et progrès social est devenue de moins en moins évidente. Pire : il semblerait désormais que la technologie numérique ne participe plus à la « vie bonne » promise par les démocraties de marché de l'après-guerre, mais qu'au contraire elle la déséquilibre… Ce ne sont d'ailleurs pas les techno-sceptiques qui le disent, mais les Nations unies qui exigent aujourd'hui un moratoire sur l'intelligence artificielle pour juger des « risques graves[3] » qu'elle pose aux droits humains.

C'est la « crise de la vérité » liée aux *fake news* qui a marqué une véritable rupture, et donné à cette dissociation entre horizon techno-scientifique et horizon moral de la démocratie libérale un caractère

1. Parville, Henri de, « Le service électrique à l'Exposition universelle de 1889 », *Annales historiques de l'électricité*, vol. 1, n° 4, 2006, p. 75-82.

2. Beck, Ulrich, *La Société du risque. Sur la voie d'une autre modernité*, Paris, Flammarion, 2008.

3. Voir le communiqué de presse du 9 septembre 2021 : https://news.un.org/fr/audio/2021/09/1103772.

indéniable. La soudaine vulnérabilité de l'opinion, exposée par les réseaux sociaux à des formes inédites et sournoises de manipulation, est alors devenue le premier facteur explicatif des troubles politiques de l'époque (la percée des partis populistes, la polarisation du débat public, la radicalisation des extrêmes, la difficulté de rétablir la délibération comme valeur démocratique fondamentale, etc.), et c'est ainsi que la « défense de la vérité » est devenue une cause incontournable. En France, on a créé une loi contre la manipulation de l'information, votée en 2018, dans l'espoir d'endiguer la propagation des fausses informations, notamment en période électorale. Plus récemment, aux États-Unis, l'administration de Joe Biden a annoncé la création d'un « Conseil de la gouvernance de la désinformation », qualifié par ses opposants républicains de « ministère de la Vérité » en référence à la dystopie *1984*. Les réseaux sociaux ont, quant à eux, multiplié les fonctionnalités de *fact checking* pour encourager leurs utilisateurs à s'informer sur les sujets « sensibles[1] ». Mais rien ne prouve l'efficacité de ces mesures[2], dont le fonction-

1. Tous les posts comportant par exemple les mots « vaccin », « Covid » ou « pandémie » sur Instagram, Facebook ou TikTok contiennent systématiquement un lien qui redirige l'utilisateur vers un site d'information officiel sur la crise sanitaire.

2. En août 2020, une étude publiée par Avaaz considérait que l'algorithme de Facebook représentait une « menace majeure » pour la santé publique, à cause de l'incapacité de la plateforme

nement et les résultats restent partiellement opaques aux législateurs[1].

Par ailleurs, la stratégie générale qui consiste à « faire campagne pour la vérité » grâce aux « informations vérifiées » et aux cellules de *fact checking* semble rater sa cible. On a cru qu'il suffirait de « rétablir les faits » pour insuffler le goût du vrai et le sens de la mesure, et retrouver les conditions d'un débat public apaisé. En réalité, plus on impose les « informations vérifiées » à ceux qui n'y croient pas, plus on cristallise les divergences de point de vue. Car une opinion ne se discute pas. En cherchant à la contredire, ou à la soumettre à l'épreuve des chiffres et de la raison, on nourrit le soupçon et la méfiance. « Debunker » les idées complotistes ne fait donc que les radicaliser davantage. Plus que cela, la contradiction risque à tout moment d'être prise pour une confrontation, car l'opinion est personnelle. La juger, c'est donc commettre un affront, c'est, pour le dire crûment, prendre l'autre « pour un con ». Il n'y a qu'à observer les réactions épidermiques des militants antipass sanitaire à l'annonce du lancement de la commission Bronner, dite commission des « Lumières à l'ère numérique », pour la lutte

---

à endiguer la propagation de fausses informations au sujet de la pandémie et des vaccins.

1. ZUCKERMAN, Ethan, « Facebook has a misinformation problem and is blocking access to data about how much there is and who is affected », *The Conversation*, novembre 2021.

contre la désinformation. Le règne de l'opinion, dans un camp comme dans l'autre, est celui des susceptibilités. Il divise, exclut, mène inévitablement à la violence.

Ainsi, ces « mesures du vrai » que l'on s'obstine à multiplier, loin d'être efficaces, renforcent les croyances des uns et des autres, et creusent l'abîme qui les sépare. Le constat de leur échec est unanime. Sur de nombreux sujets les faits sont systématiquement mis en doute, et la méfiance s'installe entre les classes populaires et les classes dirigeantes, entre les communautaristes et les universalistes, entre la périphérie et le centre, entre les pro et les anti-vaccin, etc. Paradoxalement, alors que les mouvements sociaux se multiplient, les possibilités d'établir un dialogue social s'amenuisent.

Comment en est-on arrivés là ? En théorie, nos régimes politiques ont été construits pour éviter que les querelles d'opinion ne troublent l'ordre public. En séparant le privé du public, en faisant du premier le sanctuaire des convictions et du second un espace rationnel de délibération, l'État libéral garantissait la coexistence pacifique des opinions et des faits, des croyances et de la science. Il promettait de protéger tout autant le culte des contradictions de la raison, que le débat public et la recherche des ordonnances de la foi. Mais ces vieilles boussoles ne fonctionnent plus. Car aujourd'hui, les faits, la science et la raison sont devenus des opinions comme les autres. Ces connaissances (la logique, la physique, etc.) que l'on jugeait depuis Kant au-dessus de toute controverse sont désormais des sujets ouverts à l'interprétation.

En dépit des apparences, cette « crise de la vérité » ne résulte pas d'un « manque d'informations vérifiées », mais de la délégitimation des critères qui sont censés déterminer qu'une chose relève de la sphère de la raison ou de celle de la croyance, de l'objectivité ou de la subjectivité[1]. En d'autres termes, le fond du problème, c'est que la légitimité que l'on attribue à l'expert, à la méthode scientifique, aux institutions[2] ne fait plus l'unanimité, ou, du moins, plus assez pour que les « faits » soient acceptés comme tels[3].

Ainsi, ce n'est pas tant la « vérité », mais les garde-fous du monde commun qui sont en crise, ces piliers censés borner et orienter notre horizon de sens et indiquer, dans les grandes lignes au moins, ce qui relève du vrai et du faux, ce qui est rationnel et ce qui ne l'est pas. L'obsession pour le *fact checking* et pour les commissions de lutte contre la désinformation restera donc vaine si on n'aborde pas le problème à la

1. McIntyre, Lee, *Respecting Truth: Willful Ignorance in the Internet Age* (2015), *Post-Truth* (2018).

2. Boudon, Raymond, *L'Idéologie ou l'Origine des idées reçues*, Paris, Points, 2011.

3. « The Future of Expertise, How will the Pandemic Alter Intellectual Authority ? », *The Chronicle of Higher Education*, novembre 2021.

racine, si on ne s'intéresse pas aux causes premières de cette dissolution du commun.

Elise Wang, une universitaire spécialiste du complotisme, ramène ce problème à une crise de sens : « Les gens ne croient pas aux complots parce qu'ils sont irrationnels, illettrés ou parce qu'ils n'ont pas accès à l'information ; ils y croient parce qu'ils sont en quête de sens[1]. »

Sans le dire, Wang nous rappelle que la science et ses vérités empiriques sont toujours historiquement et socialement situées. Le sens que l'on donne à une « donnée factuelle objective » et la valeur qu'on lui reconnaît dépendent de facteurs culturels propres à l'époque, reflètent la façon dont on comprend le monde à ce moment-là. Autrement dit, la manière dont un fait est perçu nous renseigne davantage sur l'« esprit du temps » dans lequel il émerge que sur la « vérité » du « fait » lui-même. Que l'Inquisition ait mis à l'*Index* la théorie héliocentrique de Copernic (1543), puis condamné Galilée, près d'un siècle plus tard, pour avoir confirmé la thèse copernicienne à l'aide des lunettes astronomiques qu'il avait inventées (1610) n'a pas rendu la Terre moins ronde ni le Soleil moins immobile. En revanche, l'histoire sociale de cette idée, de sa négation virulente à son acceptation unanime, nous en apprend beaucoup sur les « conditions historiques »

1. WANG, Elise, « Why some conspiracy theories just won't die? », *TedxDuke Conference*, février 2019.

qui font qu'à un moment donné un savoir est rejeté, ou, au contraire, qu'il peut émerger[1].

En dépit des preuves théoriques et empiriques du mouvement des planètes autour du Soleil, la majorité des physiciens contemporains de Galilée était, comme les tribunaux ecclésiastiques, convaincue qu'il avait tort. Ils ne pouvaient pas croire aux théories de Copernic et Galilée car elles n'avaient pas de « sens » dans le monde tel qu'ils se l'imaginaient ; ils n'étaient tout simplement pas « prêts ». Il a fallu attendre l'âge de la raison, le XVIIIe siècle, pour que le « fait » scientifique selon lequel la Terre est ronde et tourne sur elle-même autour du Soleil prenne tout son sens, qu'il trouve sa place dans nos représentations collectives et entre réellement dans le « langage courant[2] », soit plus de deux cents ans après sa découverte.

Que nous dit alors de notre époque la popularité croissante des théories platistes[3] ? Si l'on en croit les

1. FOUCAULT, Michel, *Dits et écrits,* t. 1, « La naissance d'un monde », et « Titres et Travaux ».

2. C'est la loi de la gravitation universelle de Newton qui ralliera la communauté scientifique à l'héliocentrisme et fera, du même coup, lever l'interdit religieux sur les œuvres de Copernic et Galilée, en 1687. C'est ensuite Voltaire, avec son *Épître sur Newton* (1736), puis l'*Encyclopédie* de d'Alembert (1751), qui achèveront la « révolution copernicienne », en établissant sa théorie auprès du plus grand nombre comme une vérité incontestable.

3. « La Terre est-elle vraiment ronde ? », *National Geographic*, juin 2019. Voir aussi le documentaire Netflix sur le mouvement platiste aux États-Unis, « Behind the Curve », 2019.

sondages et les documentaires sur le sujet, un public de plus en plus large, partout dans le monde, croit aujourd'hui que la Terre est un disque plat[1]. Une enquête de la fondation Jean-Jaurès sur le conspirationnisme au sein de l'opinion publique française affirme que 9 % de nos concitoyens « ne seraient pas certains que la Terre est ronde », et confirmerait, plus généralement, « l'existence d'un courant d'opinion complotiste tangible et non marginal », notamment dans la catégorie des 18-24 ans, où 28 % des sondés adhéreraient à « 5 théories du complot ou plus ». En l'occurrence, si l'émergence de divers conspirationnismes et de récits alternatifs indique une chose, c'est bien que tous les hommes n'habitent plus le monde de la même façon, que les standards grâce auxquels nous formons nos croyances ne sont plus les mêmes pour tous, que nous ne partageons plus les mêmes points de repère, et en particulier, que les critères rationnels et scientifiques par lesquels on a établi les fondations de notre « monde commun » sont en péril.

1. Les platistes seraient 12 millions aux États-Unis, 11 millions au Brésil et pas loin de 6 millions en France. Ces statistiques sont issues d'un article de *Futura Sciences*, « Les platistes sont de plus en plus nombreux » (mars 2020) et d'un sondage effectué par la fondation Jean-Jaurès, « Le conspirationnisme dans l'opinion publique française » (janvier 2018).

Science et sens d'un monde commun

Ce que j'appelle « monde commun » est une structure mentale, un ensemble de représentations, un imaginaire que l'on partage inconsciemment, et qui fait que l'on peut habiter le monde ensemble, même si on ne l'habite pas tous de la même façon. Partager un monde commun n'implique pas que l'on soit tous semblables ni tous d'accord. Au contraire, le monde commun est précisément ce qui rend la différence et le désaccord possibles, il est ce substrat théorique minimal à partir duquel peuvent s'élever le dialogue, le débat et la diversité. C'est le « la » de l'orchestre, la condition première d'une harmonie collective. C'est donc à la fois une fondation et un horizon, car le monde commun est aussi ce qui permet d'envisager l'avenir, il est la constante grâce à laquelle on peut se projeter, composer avec l'incertitude, espérer. Enfin, le monde commun est ce qui donne un sens aux institutions politiques et sociales. Il se matérialise à travers elles, s'incarne dans tout ce qui règle l'organisation de la vie collective, si bien que c'est en observant les structures institutionnelles d'une société que l'on découvre le sens de ce commun qui la fonde. Selon la formule de Cornelius Castoriadis, une société « tient » ensemble parce que l'imaginaire collectif et anonyme qui la fonde lui donne un sens, lui trouve une signification, une raison d'être[1]. Le monde commun est donc comme un « esprit collectif du temps » qui se révèle dans les structures institutionnelles de la société, et grâce auquel la vie collective a un sens. Il arrive, cependant, que ce liant se dissolve, qu'il y ait tout à coup une inadéquation, un décalage entre l'« esprit du temps » qui façonne la société et ses croyances, et les institutions qui la gouvernent.

Dans l'histoire moderne, il y a au moins deux grands moments où l'on a observé de semblables implosions du commun : la Révolution française et le IIIe Reich. En effet, le renversement de l'Ancien Régime et le coup d'État d'Adolf Hitler ont été précédés d'une crise de sens (que Max Weber appellerait un « déplacement épistémologique »), c'est-à-dire d'un moment où l'esprit du temps, marqué par des avancées exceptionnelles dans le domaine du savoir, et notamment des techno-sciences, n'a plus trouvé à s'incarner dans les institutions politiques et sociales existantes.

L'idée est bien connue : la Révolution française est fille des Lumières, elle est l'aboutissement politique d'un long processus de sécularisation entamé des siècles plus tôt par les savants de la Renaissance. Les expériences de Léonard de Vinci, de Galilée, de Bacon, leur façon inédite d'aborder les mystères

1. CASTORIADIS, Cornelius, *L'Institution imaginaire de la société*, Paris, Seuil, 1999.

de la vie en y appliquant une méthode rationnelle, scientifique, ont progressivement déconstruit l'idée que l'ordre du monde découlait de l'impénétrable dessein de Dieu[1]. Armé d'une volonté prométhéenne de découvrir les lois de la nature, l'homme de la Renaissance a mis la technique au service de sa raison, et, au fil des succès, a fini par se concevoir comme maître de son environnement et de son propre progrès : il est devenu « moderne ». Rien n'illustre mieux l'avènement de ce nouveau paradigme que l'invention de la physique newtonienne. Au XVIIe siècle, les lois universelles de Newton postulent un univers clos, rationnel, dans lequel les événements sont déterminés par des règles générales qu'il nous incombe de découvrir en observant méthodiquement la nature. Pour reprendre l'expression de Max Weber, cela revient à « désenchanter le monde », c'est-à-dire à « croire que nous *pourrions*, pourvu *seulement que nous le voulions*, nous prouver qu'il n'existe en principe aucune puissance mystérieuse et imprévisible qui interfère dans le cours de la vie ; bref que nous pouvons *maîtriser* toute chose par la *prévision*[2]. »

Cette façon de considérer le monde, comme un univers rationnel gouverné par des principes universels, préfigure, en quelque sorte, la transformation politique à venir. On retrouve les premiers germes

1. WEBER, Max, *Le Savant et le Politique*, Paris, 10/18, 2002.
2. *Ibid.* En italique dans le texte original, voir p. 90.

de cette mutation quarante ans avant la Révolution française, dans *De l'esprit des lois* de Montesquieu. D'un caractère avant-gardiste presque invraisemblable pour l'époque, l'essai de Montesquieu (dont les idées poseront les bases de l'Assemblée constituante) suggère que l'esprit des lois ne doit pas se chercher dans l'expression d'une volonté divine inscrite dans la tradition d'un pouvoir monocéphale, mais doit, au contraire, émaner d'une observation minutieuse de la masse humaine que l'on entend gouverner. En d'autres termes, l'esprit des lois doit être conforme aux lois de l'esprit, c'est-à-dire à l'esprit des hommes qui habitent ensemble un territoire et partagent une histoire. L'œuvre de Montesquieu apparaît ainsi comme la traduction politique du changement radical de point de vue insufflé par la physique de Newton, comme la marque indéniable d'une révolution déjà en marche dans les esprits qui aboutira, après les sanglants tumultes de l'histoire que nous connaissons, à l'avènement de l'État moderne.

Environ deux siècles plus tard, les progrès de la science ouvrent une nouvelle brèche épistémologique. La stabilité et les certitudes que l'on dérivait de la théorie newtonienne s'effondrent. Ce que l'on croyait absolument prévisible devient soudain contingent. À l'orée du XXe siècle, la découverte de la physique quantique permet de formaliser le rôle du hasard dans l'univers. Avec l'introduction des probabilités en physique, on accepte pour la première fois une forme d'incomplétude, on s'accommode scientifiquement d'un certain degré d'incertitude, de contingence dans la matière du monde, en dépit des lois universelles qui le régissent. C'est une révolution dans le domaine des sciences, qui influencera tout ce que l'on connaît aujourd'hui, de la physique nucléaire à la science informatique. Mais pour Norbert Wiener, c'est bien plus que cela. La physique quantique marque, deux siècles après Newton, un nouveau changement radical de point de vue. Elle ouvre pour l'humanité tout entière, bien au-delà des laboratoires scientifiques, un horizon de sens inédit[1]. Il faut désormais comprendre que l'on habite un monde dans lequel peuvent exister des poches de non-sens, dans lequel sont susceptibles d'advenir des événements que l'on ne doit ni à Dieu ni au dessein supérieur d'un ordre naturel. Il faut désormais accepter une marge d'absurdité.

À la même époque, Sigmund Freud découvre l'inconscient, cette couche d'irrationnel qui se loge dans les profondeurs de l'humain. Sans établir de parallèle entre l'immense découverte de la mécanique quantique et la psychanalyse, Wiener note cependant que toutes deux admettent pour la première fois l'existence d'une part irréductible d'irrationalité dans la nature. Cette découverte, formalisée par les sciences, et traduite dans le langage commun par la psychanalyse,

1. Wiener, Norbert, *The Human Use of Human Beings: Cybernetics and Society*, Boston, Da Capo Press, 1988.

ouvre un paradigme d'une telle importance qu'elle serait liée, suggère Wiener dès le premier paragraphe de son livre, au demi-siècle de guerres mondiales qui a suivi. Il ne s'agit pas d'expliquer comment les régimes totalitaires ont instrumentalisé la science pour justifier le racisme systémique de leurs organisations ou leur expansion territoriale[1]. L'argument est plus subtil : il suggère que la découverte scientifique d'une part d'irrationalité dans l'univers a ouvert un moment de flottement dans la psyché collective, une brèche de sens dans laquelle le totalitarisme a réussi à s'engouffrer, profitant de cette perte de repères momentanée pour proposer l'exutoire idéal à l'angoisse d'individus perdus dans un monde en transition.

Et encore une fois, la science précède la pensée politique. En 1912, Carl Gustav Jung théorise l'existence d'un inconscient collectif, une irrationalité prête à exploser devant la figure archétypale qui saura la révéler et provoquer une psychose collective[2].

1. Dans *Les Origines du totalitarisme*, Hannah Arendt explique que la biologie a influencé les théories politiques de l'époque sur l'idée de race, de nation, de droit du sang, jusqu'à servir de fondement aux théories raciales du nazisme. Elle montre aussi comment la science de l'époque a favorisé la tendance à considérer l'existence humaine au travers de lois biologiques, ce qui a naturellement conduit à s'intéresser aux possibilités de contrôler et de prédire le comportement humain.

2. JUNG, Carl, *Métamorphoses de l'âme et ses symboles*. Il a d'ailleurs l'intuition, dès 1918, que l'inconscient allemand pourrait être provoqué par une figure comme celle du *Führer*. Il analysera

Quelques années plus tard, Carl Schmitt, un juriste et théoricien politique allemand, défend l'idée que la dictature est inhérente à la démocratie. Il considère qu'il existe au cœur du régime démocratique une sorte de vide, un espace en dehors de la loi dans lequel le souverain peut légitimement suspendre le droit au nom du peuple et instaurer un « état d'exception » qui n'est que l'autre nom de la dictature. Pour Schmitt, on ne peut pas concevoir la démocratie sans accepter qu'il existe au sein de sa Constitution la possibilité d'une dictature exceptionnelle exercée par le souverain au nom du peuple[1]. Difficile de ne pas lire dans l'œuvre de Schmitt une traduction politique du point de vue quantique : l'existence possible, à la marge d'un système régi par des lois immuables, d'une « exception ». C'est d'ailleurs en s'appuyant sur l'œuvre de Schmitt que le parti nazi a justifié l'arrivée au pouvoir d'Adolf Hitler en 1933.

Ces deux exemples mettent en avant le rôle déterminant de la science dans la façon dont les hommes se représentent leur existence et le monde[2]. L'état des connaissances balise notre imaginaire, détermine

---

dans *Psychologie du transfert* le totalitarisme comme le débordement de cet inconscient collectif, l'explosion d'une irrationalité de masse, d'une psychose collective.

1. SCHMITT, Carl, *La Dictature*, Paris, Points, 2015.

2. C'est l'idée, développée par Gaston Bachelard dans *Le Nouvel Esprit scientifique* que la science « crée de la philosophie ». Georges Canguilhem poursuivra une approche similaire dans

ce qu'il est possible de penser, de concevoir, d'espérer à une époque donnée[1]. La plupart du temps, le progrès linéaire de la science élargit proportionnellement l'horizon des possibles, mais lorsqu'une grande découverte produit une rupture dans les connaissances, l'horizon des possibles n'est pas élargi : il est renversé. Dans un tel cas de figure, le progrès ne nourrit plus seulement l'imagination, il change la façon dont on imagine, et redéfinit les règles inconscientes grâce auxquelles on pense. Une découverte scientifique d'une telle ampleur, capable d'opérer ce changement radical de point de vue, invalide donc les postulats sur lesquels on avait jusqu'alors fondé notre monde commun. S'ensuit nécessairement une période plus ou moins longue et difficile pendant laquelle le nouvel « état d'esprit » insufflé par l'avancée des sciences cherche à s'incarner – dans les consciences, les pratiques, les institutions – avant que le monde ne retrouve un sens.

Le Normal et le Pathologique en théorisant l'institutionnalisation des connaissances scientifiques.

1. C'est ce que Michel Foucault a appelé l'*epistémè* dans *Les Mots et les Choses.*

La « grande transformation » numérique n'est pas technologique

Aujourd'hui, ce n'est pas la science à proprement parler qui est en train de provoquer un bouleversement de ce type, mais la transformation numérique de la société. La rupture dans l'horizon de sens ne vient pas d'une grande découverte scientifique dont on aurait du mal à prendre la mesure et qui serait venue renverser nos certitudes, elle résulte de la réorganisation totale et profonde de toutes nos « pratiques », de l'intégration silencieuse d'une logique propre au numérique qui modifie notre perspective, notre point de vue sur le monde.

Il ne s'agit pas de confondre science et technologie, mais de suggérer que la transformation numérique de la société – le processus par lequel les innovations technologiques pénètrent les différentes strates de la vie sociale et redéfinissent, subrepticement mais totalement, la façon dont on fait les choses – a un impact *similaire* à celui d'une grande découverte sur la psyché individuelle et collective. Elle ouvre une brèche dans notre horizon de sens, elle le renverse, avec la même violence qu'une révolution copernicienne.

Contrairement à ce qui est souvent présenté dans les médias, ce « renversement de notre horizon de sens » ne doit pas être assimilé au phénomène des *fake news* qui n'en est qu'un des symptômes. L'argument ici ne consiste pas à montrer comment la transformation numérique favorise « techniquement » la désinformation[1], mais s'intéresse à l'impact qu'elle produit *en deçà* de la viralité des croyances et des conspirationnismes qui semblent caractériser la confusion de notre époque, dans l'ordre semi-conscient de nos représentations collectives.

Il s'agit de comprendre comment la transformation numérique produit les conditions de possibilités – non pas technologiques, mais culturelles et métaphysiques – de cette crise de sens, en l'abordant comme un mouvement englobant et total qui a, en si peu de temps, radicalement transformé la manière dont nous faisons l'expérience du monde.

*

La « transformation numérique », est ce processus par lequel une organisation adopte les nouvelles technologies de façon à optimiser son fonctionnement et à bénéficier pleinement des possibilités offertes par l'économie des données. Aujourd'hui, « se transformer » est indispensable. Quel que soit le secteur, les acteurs économiques ont l'obligation, pour rester pertinents, de s'adapter aux nouvelles technologies. C'est une question de rentabilité et d'efficacité.

---

1. C'est ce que fait Lee McIntyre dans plusieurs de ses livres consacrés à ce sujet : il montre que la rapidité inédite de la circulation de l'information à l'ère numérique, et les algorithmes des réseaux sociaux favorisent l'ignorance plutôt que la raison.

Pour autant, les conséquences de la transformation numérique vont bien au-delà de simples considérations utilitaires de gestion des ressources et d'amélioration des performances. Si les cabinets de conseil en « e-transformation » ou en « transition numérique » fleurissent, c'est parce que cette transformation implique une réorganisation en profondeur. Il ne s'agit pas simplement d'ouvrir un site d'e-commerce ou de numériser un service bureaucratique, mais d'intégrer à son fonctionnement les méthodes, les ressources et les opportunités offertes par la technologie, et, surtout, d'adopter l'état d'esprit qui les accompagne.

Au niveau organisationnel, il faut repenser la stratégie pour prendre en compte la valeur des données numériques et mettre en place les procédés nécessaires à leur exploitation. Ces transformations s'appliquent à tous les domaines. Même les industries « traditionnelles » que l'on pourrait juger éloignées de l'économie des données sont concernées. Dans le secteur automobile par exemple, la datafication pourrait conduire à reconsidérer la chaîne de valeur du secteur et de tous ses satellites. Le groupe PSA a ainsi récemment annoncé vouloir mettre en place une série de nouveaux services personnalisés à partir de l'utilisation de ses données véhicules. Quant à Tesla, que l'on connaît pour ses voitures électriques haut de gamme, l'origine de son succès est en réalité liée à la manière innovante dont le constructeur tire tous les bénéfices de l'intelligence artificielle.

L'immense valeur ajoutée de son modèle est d'avoir su recueillir et analyser les données récoltées par ses véhicules pour améliorer la technologie des voitures, l'expérience client et la compréhension de l'environnement dans lequel les automobiles évoluent (la densité de population, de circulation, etc.). En analysant en temps réel les données de l'ensemble de sa flotte, Tesla bénéficie de l'effet exponentiel du Big Data. Le constructeur automobile améliore ainsi en permanence, par le biais de mises à jour qui ne nécessitent aucun accès physique au véhicule, les performances technologiques de chacune des voitures en circulation, grâce à l'« intelligence » tirée de l'ensemble. Ainsi, plus il y a de Tesla utilisées, plus Tesla améliore ses voitures, car le logiciel, en ayant accès à un nombre croissant de situations, anticipe de mieux en mieux les pannes, les accidents, et offre à l'utilisateur une expérience toujours plus satisfaisante[1].

Par ailleurs, au niveau méthodologique et humain, la transformation numérique implique une métamorphose complète du « travail ». À la fois « automatisé », « horizontalisé » et « distancialisé », celui-ci ne s'exerce plus de la même façon.

Se lancer dans la transformation numérique ne se limite donc pas à adopter de nouveaux logiciels. Pour que la technologie participe effectivement à la

---

1. « Tesla : a Data-Driven Future », Harvard Business School, étude de cas proposée aux étudiants en MBA, mars 2021.

performance de l'organisation qui l'adopte, il faut avant tout que les femmes et les hommes qui la composent s'adaptent aux valeurs du numérique et à ce qu'il peut offrir. C'est la conclusion d'une étude menée par la Harvard Business School (HBS) : « La transformation numérique n'est pas technologique[1] », ou, plutôt, elle n'est pas uniquement technologique, elle est surtout culturelle car il s'agit d'un *mindset*, d'un état d'esprit. HBS tire les leçons des e-transformation ratées de certains chefs d'entreprise, et montre que l'adoption des nouvelles technologies n'est pleinement efficace que si l'on fait « entrer la culture de la Silicon Valley dans son entreprise » avant d'investir dans de nouvelles technologies. En d'autres termes, les outils de la transformation ne sont pas des baguettes magiques, ils n'améliorent les performances que si on s'organise en amont de manière à les rendre efficaces. Pour bénéficier des opportunités de la technologie numérique, il faut être capable d'agir comme l'entendent les start-uppers de la Silicon Valley : prendre des décisions rapides et accepter qu'elles soient provisoires, avoir « l'agilité » pour tester ses choix, l'humilité d'en changer rapidement s'ils se révèlent infructueux, et trancher vite, très vite. Pour tout cela, les hiérarchies verticales et les procédés du vieux monde sont des obstacles qui peuvent se montrer fatals. Pour que les

1. « Digital Transformation is Not About Technology », Harvard Business Review, mars 2019.

outils numériques aient un impact substantiel, l'organisation doit s'aplanir, les discussions doivent impliquer toutes les parties, le décideur doit trancher dans l'instant, et chacun doit être prêt à recommencer.

Par bien des aspects, la réorganisation du travail imposée par la transformation numérique est la matérialisation sociale de la nature fluide et évanescente de la technologie numérique abordée au chapitre précédent. La technologie du changement permanent s'incarne dans le monde social au travers de la normalisation du provisoire et de l'éphémère, dans les procédés et les hiérarchies qui n'existent plus, dans les dynamiques organisationnelles où plus rien n'est fixe ni définitif. On construit des prototypes, on teste, on horizontalise, on accepte la fluctuation permanente comme principe organisationnel. Cette recherche permanente de flexibilité et d'agilité s'incarne particulièrement dans l'économie de plateforme (des zones d'échange dématérialisées tels que les *marketplaces* qui, comme Amazon ou Ebay, mettent en relation différents vendeurs avec une masse d'acheteurs), et chez les fournisseurs de « logiciels en tant que services » (ou SaaS, pour *software as a service*)[1]. En bref, sous toutes ses formes,

1. En tant que particuliers, on utilise des SaaS tous les jours. Google doc, Google drive, Netflix, les applications de trottinettes et de vélos électriques en libre-service sont des SaaS, c'est-à-dire des logiciels mis à disposition sur Internet. Mais il existe aussi des SaaS vendus exclusivement aux entreprises qui sont des logiciels de gestion des ressources humaines, de gestion des relations clients,

des cryptomonnaies aux NFTs, du Big Data aux SaaS, la transformation numérique incarne un phénomène culturel : celui de la valorisation de l'immatériel.

Si le Web3 reste aujourd'hui trop abstrait pour que l'on s'en fasse une idée précise, les métavers qui existent laissent penser que l'avenir de la transformation numérique ne fera qu'accentuer ce phénomène. En effet, certains considèrent déjà que les métavers de jeux vidéo actuels constituent des espaces singuliers, sans équivalent – qu'ils créent, précisément, un nouveau « milieu culturel ».

Sur *Fortnite Battle Royale*, le jeu vidéo en ligne qui compte plusieurs centaines de millions de joueurs à travers le monde[1], des artistes se produisent « en direct » depuis 2019. Le premier événement de ce type, un DJ set de Marshmello, a rassemblé 10,7 millions de spectateurs-joueurs[2]. Quelques mois plus tard,

---

de gestion comptable et financière, etc. L'immense avantage, c'est que les entreprises n'ont alors pas besoin d'installer physiquement le logiciel sur leurs serveurs. Elles l'utilisent simplement en s'y connectant *via* le cloud, moyennant un abonnement, ce qui leur permet de réduire considérablement tous les coûts matériels et humains liées à la maintenance informatique.

1. *Fortnite* compte plus de 350 millions de joueurs enregistrés. Entre 3 et 4 millions de personnes étaient connectées au jeu chaque jour en septembre 2021. Voir l'article « Is Fortnite dying ? » sur le site techacake.com.

2. Marshmello a enregistré le direct de son mix sur *Fortnite* et en a fait un disque, qui a remporté le prix du meilleur album de musique électronique de l'année au Billboard Music Award 2020.

le concert virtuel du rappeur Travis Scott a réuni plus de 45 millions de joueurs sur *Fortnite*. En août 2021, c'est la pop star Ariana Grande qui a organisé une tournée de plusieurs performances en direct pour satisfaire les joueurs de différents fuseaux horaires. D'après ceux qui en ont fait l'expérience, il faut le « vivre » pour pouvoir l'imaginer. Casque de réalité virtuelle sur le nez, vous êtes immergé dans le jeu. Vous vous promenez dans un univers fantastique que des développeurs font évoluer en permanence, avec une tension narrative digne d'une série Netflix – *Fortnite Battle Royale* en est d'ailleurs à sa dix-huitième saison. Au moment où a lieu le concert d'Ariana Grande, cela fait quelques semaines que *Fortnite* est en train de vivre une invasion d'aliens. C'est donc dans une ambiance de guerre des étoiles psychédélique qu'émerge l'avatar de la chanteuse. À ce moment précis, la Ariana Grande de chair et d'os porte elle aussi un casque sur le nez, et comme tous les autres joueurs connectés, « vit » dans le métavers de *Fortnite*. Sa performance n'est pas pré-enregistrée, c'est un vrai live, mais c'est son avatar scintillant qui incarne sa voix. Le show a été préparé pendant des mois, il est le résultat d'une collaboration étroite entre l'équipe de la chanteuse et les programmeurs d'Epic Games, le distributeur de *Fortnite*. Le graphisme, les effets spéciaux et la fusion parfaite du concert dans le cadre narratif du jeu font de cet événement une expérience surréaliste et unique en son genre. Pour les artistes, un concert sur *Fortnite* est l'opportunité de « rencontrer » un public beaucoup plus nombreux que lors d'une tournée mondiale de plusieurs mois. Pour les joueurs, qui peuvent aller « danser » à quelques pas de l'avatar des artistes, dans des décors 3D visuellement spectaculaires, c'est une « expérience culturelle » dans le sens le plus traditionnel du terme. Le métavers ne prétend pas se substituer au réel, mais il ouvre un nouveau canal d'expérimentation, une voie alternative qui permet d'apprécier une performance artistique ou un événement culturel selon de nouveaux critères, adoptés par un public de plus en plus nombreux.

*

Dans chaque domaine, tout est balayé, destitué, puis réinstitué par la transformation numérique. On dématérialise les services publics, on distancialise le travail, on virtualise les musées et on va au concert dans le métavers. Les organisations qui s'engagent dans cette transformation et les individus qui les composent « mettent à jour », au contact de la technologie, l'ensemble de leurs pratiques, c'est-à-dire de leurs « façons de faire », de communiquer, de consommer, d'échanger, de travailler, de s'amuser, de séduire, etc. Mais surtout, ils apprennent à envisager leur environnement, leurs débouchés et leur propre rôle sous l'angle des nouvelles perspectives, et parfois, des nouveaux rapports de force, créés par l'adoption généralisée de ces technologies. Le cas Tesla offre un excellent exemple de la manière dont la transformation numérique redéfinit l'essence, et le sens, de ce qu'elle transforme. L'image de l'usine et du travail à la chaîne des constructeurs automobiles du XXe siècle est remplacée par celle d'une entreprise d'intelligence artificielle investissant massivement dans la recherche. Le logiciel de Tesla et ses outils de conduite assistée transforment l'expérience du volant et de la route, mais plus fondamentalement, ils nous font mettre derrière le mot « voiture » quelque chose de différent[1]. De même, le métavers de *Fortnite* change l'« idée » du concert, du divertissement, de la performance, de l'expérience culturelle. Le même phénomène s'applique à l'ensemble des relations que l'on tisse avec les objets et les concepts à travers la technologie. Chacune des manifestations de la transformation numérique (de l'adoption des SaaS aux diverses formes de réorganisation du travail) infléchit un certain déplacement de perspective, édicte en sourdine les règles d'une nouvelle grammaire, et le sens que l'on donne aux choses s'en trouve profondément modifié.

Nous nous trouvons aujourd'hui en pleine phase de transition, dans un entre-deux périlleux où ce nouveau

1. C'est l'idée, chère à Heidegger, que le sens émane directement de l'expérience que l'on fait des choses et du monde.

point de vue porté par la transformation numérique n'est que partiellement installé, juste assez pour éroder la légitimité de l'ordre actuel et exposer sa précarité, pour que nous commencions à douter de l'essentiel, des critères du vrai, du juste, et de ce qu'il est bon d'espérer. L'émergence de l'immatériel comme source de valeur symbolique émane directement de ce processus culturel par lequel la transformation numérique ré-ordonne la pensée. Mais que signifie la consécration de l'immatériel pour l'avenir de l'organisation sociale ? Nous n'en savons rien… L'euphorie techno-progressiste de cette période de transition est doublée d'une grande incertitude sur la direction du progrès technologique. Nous adoptons la transformation numérique sans savoir où elle nous mène, et le règne du changement permanent, du provisoire et de l'immédiateté brouille un peu plus notre horizon. De cette indétermination résulte la crise de sens qui laisse tant d'individus métaphysiquement orphelins, en quête désespérée de sens.

L'ÉMERGENCE D'UN NOUVEL IMAGINAIRE

9.

La technologie, ou l'articulation imaginaire de notre rapport au monde

Se représenter cette « nouvelle façon d'être au monde »

On ne peut ni comprendre ni penser ce qu'on ne peut imaginer. C'est en ce sens que l'image est fondatrice. Elle est un point de départ, un inconditionnel. Il faut être capable de se représenter une chose pour qu'elle existe, pour qu'on lui donne un sens.

La principale difficulté posée par la technologie numérique réside précisément en ce qu'elle échappe aux représentations traditionnelles de la technique. On ne peut plus l'imaginer comme un simple outil, et cela suffit à provoquer un bouleversement « cataclysmique », comme dirait Marshall McLuhan, dans l'ordre de nos représentations collectives. Car l'image que nous avons de la technique conditionne l'image que nous nous faisons de nous-mêmes, ou plutôt, de l'homme et de sa place dans le monde. L'essence de l'humanité est en quelque sorte liée à ses outils, et à l'idée qu'ils représentent à la fois la supériorité intellectuelle de l'espèce et le moyen de sa domination sur le monde.

Plus précisément, la technologie a été consacrée comme le déterminant de la relation entre l'homme et le monde avec l'avènement de la « Modernité[1] ». L'homme moderne a cru qu'il était possible et souhaitable de s'extraire de ses traditions. Il a eu l'idée qu'il pouvait être son propre maître, et devenir l'architecte de son destin. Cette *hubris* a trouvé dans la technologie une alliée redoutable. C'est en forgeant littéralement son histoire, à l'aide des outils technologiques qu'il a inventés, que l'homme moderne s'est arraché aux déterminismes de la nature et a imprimé sa volonté sur le monde, en taillant les montagnes, en traversant les océans, en marchant sur la Lune ou en transplantant des organes. La technologie a ainsi été l'instrument de l'ego des Modernes. Fruit de l'ingéniosité humaine, elle incarne à la fois la supériorité de la raison, et le moyen par lequel celle-ci s'impose sur le monde, le domine et l'exploite.

Ce rapport vertical de servitude – entre l'homme, la technologie, et la nature – tient en une image, plus éloquente que beaucoup d'ouvrages : la description d'Howard Roark, dans les deux premières pages du roman philosophique d'Ayn Rand, *The Fountainhead*[2].

---

1. Entre le XVe et le XVIIIe siècle.
2. *La source vive* en français.

Le livre s'ouvre sur cette scène mémorable : le jeune héros surplombe, entièrement nu, un lac glacé dans lequel il s'apprête à plonger. Du haut de son rocher, il pose un regard perçant sur la nature immobile qui l'entoure, « et il rit ». Non pas de joie, mais de satisfaction. « Ces rochers, pense-t-il, sont là pour moi ; ils attendent le marteau, la dynamite, et ma voix. Ils attendent d'être fendus, déchirés, pilonnés ; ils attendent de renaître, sous la forme que mes mains leur donneront. » Howard Roark est, en un sens, une caricature grossière mais extrêmement efficace de la relation de l'homme moderne à son environnement, et de la manière dont celui-ci envisage la technologie comme médiatrice de sa volonté. L'image est d'autant plus pertinente que le personnage imaginé par Ayn Rand est un architecte très ambitieux, qui dynamite donc littéralement les sols pour imprimer sa « vision » sur le monde[1].

Aujourd'hui, en ouvrant *The Fountainhead*, on est immédiatement pris d'un vertige. L'arrogance du héros résonne trop fortement avec les excès du productivisme de l'après-guerre, son mépris pour la nature qui l'entoure est insoutenable, toute l'inconscience de notre civilisation transparaît dans ses pensées. Ces premières pages, écrites il y a soixante ans, sont hantées par la catastrophe écologique que l'on y projette *a posteriori*,

1. Il personnifie surtout l'idéal humain de sa philosophie « objectiviste » qui pose l'ego comme source du progrès, et l'individualisme comme condition *sine qua non* de la liberté.

elles décrivent une forme d'*hubris* que l'on ne peut plus tolérer, et le malaise qui en découle nous rappelle l'urgence de réinventer le rapport de l'homme à son environnement. Nous savons qu'il faut faire le deuil des représentations ancestrales qui plaçaient l'homme au-dessus de tout et faisaient de son désir la mesure de toute chose. L'anachronisme du héros de Ayn Rand est évident du point de vue écologique, mais il est aussi technologique. Howard Roark véhicule, en effet, une perception de la technologie (qu'il présente comme l'instrument de sa toute-puissance) dans laquelle on ne peut plus se retrouver de nos jours.

L'accélération de la transformation digitale de la société a rendu la dimension totalisante du numérique tellement visible que le mirage d'une technologie émancipatrice et hyper-individualiste ne leurre plus personne. Certes, le numérique est un instrument qui sert nos objectifs de manière parfaitement efficace : il facilite et accélère les échanges, rend les êtres et les choses disponibles de façon quasi permanente et illimitée[1], mais, en retour, il requiert de notre part qu'on se laisse « englober » par la technologie, et que l'on accepte que nos communications, nos transactions, nos déplacements, nos vies entières produisent les milliards de données nécessaires à son fonctionnement. Tous les jours, nous constatons à quel point la technologie organise nos vies individuelles et collectives,

1. Rosa, Hartmut, *Rendre le monde indisponible*, *op. cit.*

et combien elle rythme et ordonne le monde. Nous sommes le « stock disponible », la « matière première »[1] nécessaire à la transformation numérique, et nous en avons parfaitement conscience. Parce qu'elle repose sur le postulat que tout peut être capturé et traduit en code mathématique, la rationalité numérique implique la potentialité d'un enregistrement et d'une représentation exhaustive du réel. Cette logique de traduction du monde en données, la technologie l'insère partout où elle s'applique. Elle véhicule l'idée que tout est quantifiable, enregistrable, tout, y compris les relations humaines et les « relations entre nos pensées ». Dès lors, notre rapport au numérique nous apparaît inévitablement plus complexe et plus ambigu que celui d'Howard Roark avec son marteau-piqueur.

Cela fait environ un siècle que les « critiques de la technique » nous expliquent, sans relâche, qu'il est totalement illusoire de considérer la technologie comme un instrument qui se plierait à nos désirs car, loin de maîtriser le progrès technologique, nous subissons au contraire les conséquences de son « autonomisation irréversible » et la force d'inertie de son « système »[2]. Aujourd'hui, les mises en garde que les philosophes de la technique ont formulées il y a

1. Ces deux termes sont ceux employés par Heidegger dans ses essais et ses cours sur *La Question de la technique*.

2. Ce sont notamment les thèses développées par les penseurs « essentialistes » de la technique, comme Jacques Ellul ou Martin Heidegger.

soixante ans perdent leur qualité abstraite et prennent soudainement corps. La « visibilité » inédite du caractère englobant du numérique, l'expérience intime et quotidienne que nous faisons de ses effets, bref, la « transformation numérique » a rendu ces discours soudainement très tangibles. La relation instrumentale de l'homme à son outil se mue en une relation « organique » dans laquelle il se crée, entre l'homme et la machine, une forme de réciprocité indissociable, l'un ayant besoin de l'autre et vice-versa. La verticalité des représentations traditionnelles d'un « homme dominant son outil » disparaît donc au profit d'une compréhension horizontale de notre rapport au monde et à la technologie.

Or, l'image d'un homme « en réseau », connecté aux autres et à lui-même au sein d'un système technologique totalisant, ébranle l'édifice individualiste de la Modernité[1]. Les technologies numériques viennent ouvrir un nouvel imaginaire qui s'est affranchi de la distinction et de la primauté de l'individu sur le tout. Pour Bruno Latour, c'est avec le Web 2.0 que nous faisons l'expérience la plus immédiate de ce paradigme inédit[2]. Les profils numériques « rognent » les représentations traditionnelles de « l'individu isolé à

1. McLuhan, Marshall, *The Gutenberg Galaxy: The Making of Typographic Man*, Toronto, University of Toronto Press, 2011.

2. Latour, Bruno, « Le tout est toujours plus petit que ses parties », *Réseaux*, vol. 31, 2015.

l'intérieur d'un ensemble », et dessinent, au contraire, une nouvelle dynamique, à la fois globale et instable, entre toutes les parties du réseau[1].

Or, cette image d'un homme intrinsèquement constitué de multiples connexions, envisagé non plus comme un individu isolé mais comme une entité dépendante et multiple, aux contours instables et perpétuellement façonnés par les fluctuations du numérique, cette vision d'un être organiquement inséparable de la technologie qui médiatise son rapport au monde et organise son existence, bref, ce portrait d'un homme nouveau, d'un homme en « réseau », exige que l'on interroge et redéfinisse entièrement les postulats individualistes qui fondent l'ordre libéral contemporain.

Changer de regard

Pour ce qui relève de nos représentations mentales, la transformation numérique nous invite donc à déconstruire la verticalité de notre rapport à la technologie et à notre environnement, à imaginer une nouvelle façon d'être au monde plus horizontale, plus circulaire, plus connectée. De même, dans la sphère

1. Le numérique nous invite, selon Latour, à repenser l'individu comme une entité dont les contours sont en perpétuelle mutation, qui « partage une part d'elle-même avec d'autres entités », toutes imbriquées dans un ensemble changeant et dynamique.

politique, les représentations que l'on se fait du rôle de la technologie, la prise en compte de sa dimension englobante et totalisante nous invite à changer de regard et d'attitude.

Car la transformation numérique rend à la fois anachronique et inefficace la posture si moderne d'individu observateur, grâce à laquelle nous aurions la prétention de nous extraire du monde matériel pour mieux le penser. Marshall McLuhan, l'un des premiers théoriciens des technologies de l'information, suggérait déjà dans les années 1970 que l'informatique allait rendre obsolète ce paradigme de pensée, où la raison se veut objective et capable de mettre à distance son objet comme un tableau de la Renaissance met le paysage en perspective. Il a alors ce mot génial, qui résume l'imaginaire moderne à ces peintures de places italiennes : « *a piazza for everything and everything in its piazza*[1] ».

Pour appréhender la dimension englobante et totalisante de la transformation numérique, il faudrait donc que l'on oublie d'être Modernes, que l'on essaie un instant de ne plus envisager le monde avec la prétention d'un observateur indépendant, que l'on arrête de chercher à y lire un ordre dont nous serions les architectes, que l'on cesse de comprendre notre environnement comme l'emballage passif dans lequel nous évoluons et qui subit simplement nos volontés,

1. McLuhan, Marshall, *The Medium is the Massage: An Inventory of Effects*, New York, Penguin Classics, 2008.

et que nous imaginions autre chose : une façon de penser et de voir le monde qui tienne compte de cette « imbrication » suscitée par la logique de datafication propre au numérique, un environnement qui ne serait plus ce réceptacle insignifiant où nous projetons nos désirs mais serait au contraire activement constitutif de sa propre transformation…

En somme, il faudrait que l'on reformule entièrement la question politique posée par la technologie numérique, que l'on s'intéresse à la manière dont sa logique de datafication comporte « en elle-même » un message politique, au-delà et en deçà de toutes les logiques extérieures (économiques, sécuritaires, etc.) auxquelles elle est évidemment soumise. Pour cela, il faudrait abandonner définitivement le paradigme instrumental au travers duquel on envisage la technologie pour adopter la perspective inverse, et se demander quel est le message, quel est l'effet propre au numérique en lui-même[1]. Pour chercher à comprendre ce qui change, dans la façon dont on envisage politiquement l'existence et dont on entend ses promesses à l'époque où la transformation numérique est devenue la rationalité structurante du monde contemporain.

1. MCLUHAN, Marshall, *Understanding Media: The Extensions of Man*, Londres, Routledge, 2001. « En réalité et en pratique, le vrai message, c'est le médium lui-même, c'est-à-dire, tout simplement, que les effets d'un médium sur l'individu ou sur la société dépendent du changement d'échelle que produit chaque nouvelle technologie, chaque prolongement de nous-mêmes, dans notre vie. »

10.

La carte et le territoire, ou les nouveaux critères de nos représentations numériques

L'impact de la transformation numérique est donc immanent. Il ne dépend pas d'autres dispositifs (idéologiques, économiques, etc.) qui lui seraient extérieurs, mais relève de la « rationalité » propre à la technologie numérique elle-même. C'est cette rationalité que nous interrogerons ici, pour comprendre comment ses présupposés refondent notre point de vue sur les choses, comment ils redéfinissent peu à peu les grandes idées qui devraient nous faire « tenir » ensemble et donner un sens au monde commun.

De l'homme comme modèle à l'homme comme objet

Les premiers ordinateurs étaient des « machines à calculer électroniques[1] ». Ils ont été construits à partir du seul modèle de calculatrice que les hommes connaissaient : le cerveau. Longtemps, la science informatique a voulu imiter la pensée. Son objectif était de modéliser les processus cognitifs humains[2], et notamment le langage[3]. Les premiers modèles d'intelligence artificielle cherchaient donc à

1. Il faut lire à ce sujet l'article du père Dubarle, publié dans le journal *Le Monde* le 28 décembre 1948. Il commence par cette phrase : « Le public commence à avoir maintenant quelque idée des grandes machines mathématiques construites aux États-Unis depuis une dizaine d'années. Assez volumineuses, puisque leur installation couvre des surfaces de plus de cent mètres carrés, elles sont capables d'expédier en des temps très brefs des millions d'opérations élémentaires, telles l'addition ou la multiplication de nombres de vingt chiffres. »

2. Mahoney, Michael S., « Cybernetics and Information Technology », in *Companion to the History of Modern Science* (1989). L'idée de reproduire le cerveau humain n'a pas totalement disparu puisqu'elle est au coeur du projet de la « Singularité ».

3. La linguistique, et notamment la théorie de Noam Chomsky (*Syntactic Structures*), a eu une influence immense sur les premiers modèles d'intelligence artificielle qui cherchaient à construire des « modèles psychologiques » capables d'imiter la « compétence linguistique », c'est-à-dire la formation de phrases ayant un sens et respectant une grammaire. Voir Golumbia, David, *The Cultural Logic of Computation*, *op. cit.*, chap. II.

« raisonner » au sens le plus aristotélicien du terme, à déduire un résultat à partir d'une série d'hypothèses, à démontrer la linéarité de la pensée. C'est ce qu'on a appelé les « systèmes experts » : des algorithmes qui, à partir d'une base de faits et de règles, pouvaient développer une véritable « expertise » dans un domaine donné, par exemple en médecine ou en finance, et étaient donc capables de répondre à des questions, de résoudre des problèmes comme le ferait un humain.

L'idée d'une analogie entre le cerveau humain et les ordinateurs a d'ailleurs largement dépassé le champ de la science informatique. Elle a en particulier ouvert la voie au développement des sciences cognitives, et donné naissance à un courant de pensée extrêmement influent en philosophie analytique, le fonctionnalisme. Fondé par Hilary Putnam, le fonctionnalisme est une philosophie selon laquelle il n'existe pas de différence fondamentale entre un cerveau humain et un ordinateur. Nos représentations mentales, nos états psychologiques (croire à x, désirer x, se demander si x, etc.) sont constitués selon des processus purement computationnels qui résultent d'un schéma de relations de causes à d'effets, d'*inputs* et d'*outputs*, exactement comme une machine de Turing[1]. Ainsi, des

1. PUTNAM, Hilary, *Mind, Language and Reality: Philosophical Papers*, vol. 2, voir en particulier « Minds and Machine » (1960) et « Robots : Machines or Artificially Created Life? » (1964).

sciences humaines à l'informatique, on a cru qu'en découvrant le principe algorithmique de la machine de Turing, on avait aussi mis à jour l'essence de la cognition.

Mais le courant fonctionnaliste est depuis revenu sur les assertions originales de Putnam. Son héritière, la philosophie computationnaliste, a finalement conclu qu'il restait, malgré tout, une part d'indétermination, une composante insaisissable de l'esprit humain essentiellement liée à son « incarnation », et à la contingence du monde réel dans lequel l'homme est immergé[1]. Dans le domaine de l'intelligence artificielle, les systèmes experts se sont heurtés, peu ou prou, au même problème philosophique, à savoir l'impossibilité de traduire numériquement l'expérience incarnée de l'humain. Comment décrire « numériquement » la réaction d'un expert face à un problème inattendu, et sa manière de le résoudre ? Comment traduire algorithmiquement ce mélange d'expériences, de pratiques, de souvenirs, d'intuitions, de peurs qui fait qu'un médecin va prendre une décision et pas une autre ? Les systèmes experts, en définitive, semblaient plus aptes à informer la prise de décision des humains, en incorporant dans leur algorithme l'ensemble des théories et des règles logiques propres à un domaine,

1. SCHEUTZ, Matthias, *Computationalism: New Directions*, Cambridge, MIT Press, 2002.

qu'à l'imiter[1]. Ils ont donc été supplantés par une autre approche de l'intelligence artificielle.

C'est à Frederick Jelinek et aux laboratoires de recherche d'IBM que l'on doit le développement, dans les années 1980, de l'approche qui domine aujourd'hui le champ de l'intelligence artificielle. Alors qu'il travaillait sur le problème de la reconnaissance vocale (que les systèmes experts, en essayant de traduire la linguistique et la grammaire en algorithmes, échouaient fatalement à résoudre), Jelinek s'est lancé dans une « expérience » à grande échelle qui l'a conduit à développer une approche alternative et statistique de l'intelligence artificielle[2]. Plutôt que d'entraîner ses algorithmes à penser et parler « comme » un humain, il les a préparés à identifier la probabilité qu'un mot soit prononcé en relation avec un autre. Il s'est rendu compte qu'il était ainsi inutile de connaître la grammaire. Sa logique algorithmique ne s'intéressait ni au sens des mots, ni à la langue elle-même, mais uniquement à la « reconnaissance de formes » (*pattern recognition*)[3]. Dès lors, « l'intelligence » de l'algorithme ne reposait plus sur

1. On s'est par ailleurs rendu compte qu'au-delà d'une centaine de règles, les algorithmes experts devenaient techniquement difficiles à maintenir. Voir Kirsch, David, *Foundations of Artificial Intelligence*, Cambridge, MIT Press, 1991.

2. IBM, *Pioneering Speech Recognition.*

3. Li, Xiaochang, *Divination Engines: A Media History of Text Prediction*, New York, NYU, 2017.

des « règles » programmées, mais sur la quantité de données (de mots et de phrases) analysées, car plus l'algorithme repérait de corrélations, plus il « apprenait » à reconnaître les mots et améliorait ainsi ses capacités de « reconnaissance vocale »[1]. Les logiciels Siri et Alexa sont aujourd'hui les descendants directs des travaux de Jelinek et de la technologie développée à l'époque par IBM.

C'est donc l'approche statistique de l'intelligence artificielle qui a fait naître, dès le milieu des années 1980, un « besoin » immense de données numériques pour « entraîner » ses algorithmes. Kate Crawford raconte dans son *Contre-atlas de l'intelligence artificielle* comment, avant Internet, ces données étaient difficiles à trouver, et à quel point certaines entreprises ont dû ruser pour obtenir de la matière à partir de laquelle entraîner leurs algorithmes. Internet, dans ce contexte, a incarné une opportunité si révolutionnaire pour le champ de l'intelligence artificielle que ses principaux ingénieurs se sont littéralement rués sur les données, comme on s'est jadis rués sur l'or et les ressources naturelles, en les considérant comme un stock disponible et prêt à être exploité pour le bien de l'humanité[2]. Avec Internet,

---

1. Russel, Stuart et Norvig, Peter, *Artificial Intelligence: A Modern Approach*, Londres, Pearson, 2009. Le livre décrit notamment le passage du « *rule-based algorithm* » au « *brute-force algorithm* » au milieu des années 1980.

2. Crawford, Kate, *Atlas of AI*, *op. cit.*

l'approche statistique de l'IA a donc, en quelque sorte, « inventé » le Big Data.

Le terme « Big Data » fait référence à la quantité de données en tant que telle, mais surtout à la façon dont ces masses hétérogènes d'information sont traitées et transformées de façon à en extraire une nouvelle forme de valeur[1]. L'hypothèse centrale sur laquelle repose le Big Data est la suivante : l'immense quantité d'informations numériques aujourd'hui disponible nous permet d'apprendre des choses que nous n'aurions jamais découvertes en traitant des bases de données de taille plus réduite. La valeur de cette masse de données brutes réside donc dans la possibilité d'en extraire des connaissances inédites. Par ailleurs, tout ce qu'on appelle Big Data fait référence à l'intelligence artificielle probabiliste que l'on a évoquée. En effet, on ne cherche pas à connaître la cause d'un événement ou d'un phénomène, mais simplement à déterminer sa probabilité, avec la marge d'erreur la plus mince possible[2]. Or, ces méthodes probabilistes ne fonctionnent qu'à très grande échelle. Plus l'IA se nourrit de données, plus elle labellise, catégorise, « mine », plus les connaissances qu'elle pourra en

1. Boyd, Danah et Crawford, Kate, « Six Provocations for Big Data », *op. cit.* Dans cet article, Boyd et Crawford insistent sur le fait qu'il faut analyser le Big Data en tant que phénomène et en tant que méthodologie.

2. Cukier, Kenneth et Mayer-Schoenberger, Viktor, « The Rise of *Big Data* », *op. cit.*

extraire seront précises et justes. La machine de l'IA, pour reprendre l'expression de Crawford, a donc un « appétit insatiable » qui pousse ses principaux promoteurs à adopter des comportements « impérialistes ». Tous les « territoires » numériques sont « colonisés » et exploités par l'« empire » de l'IA, toutes les données personnelles, intimes, collectives sont collectées, et analysées. Crawford décrit ce que nous avons identifié comme la « rationalité » propre du numérique : la traduction du monde en données.

Cette représentation du monde, pour Crawford, relève ni plus ni moins de la cartographie. Comme la papauté médiévale a imposé sa *mappa mundi* chrétienne, comme les explorateurs et les scientifiques ont transformé les frontières du monde en découvrant au XVIe siècle que les « Indes occidentales » étaient en réalité un nouveau continent, l'intelligence artificielle produit sa propre représentation du monde. Crawford voit dans ce nouvel atlas la manifestation d'un pouvoir inédit, et d'autant plus pernicieux qu'il a reçu le blanc-seing de la science.

Dessiner la carte du monde est le privilège des conquérants. Rome et son Église étaient au centre de l'univers sur la *mappa mundi* du Moyen Âge, et ce sont les Européens qui ont dessiné l'Amérique au XVIe siècle, non les Indiens. On retrouve toujours, sur une carte, l'empreinte de ses concepteurs, le point de vue du dominant sur les dominés. Crawford résume ainsi : « L'atlas créé par l'industrie de l'IA est une intervention subjective, esthétique et politique[1]. » En dénonçant cet impérialisme, elle rejoint donc Zuboff. En prenant des chemins très différents mais en des termes similaires, leurs deux livres condamnent l'avidité d'une industrie rapace qui s'est approprié le droit de regarder par-dessus l'épaule de Dieu, et a fait des données numériques de l'humanité la source d'un nouveau pouvoir omniscient.

Mais plutôt que son caractère instrumental, c'est la dimension créative de l'analogie cartographique que j'aimerais ici conserver. Les cartes du monde reflètent quelque chose d'essentiel sur leur époque, elles témoignent de l'état des savoirs et de la science, bien sûr, mais il y a autre chose. La carte n'est pas tant l'œuvre du cartographe que celle du commun qu'il habite et qui l'habite, c'est le miroir d'un *ethos* historique et social, la manifestation esthétique d'un certain regard qui traverse et façonne les subjectivités individuelles. Et c'est en ce sens qu'elle est aussi, et surtout, politique, en ce qu'elle révèle la façon dont les hommes habitent le monde ensemble, qu'elle exprime ce substrat de sens qui fait la spécificité d'une société.

1. Crawford dénonce l'instrumentalisation de l'IA par ses « principaux architectes », un « petit groupe homogène de personnes qui travaillent dans une poignée de grandes villes pour l'industrie la plus riche du monde ». Elle s'en prend principalement au modèle économique de l'industrie, fondé sur l'exploitation de travailleurs pauvres, des minerais et des données personnelles.

La cartographie numérique du monde : une nouvelle image de nos territoires

Une carte du monde est donc une traduction visuelle d'un imaginaire collectif. Malheureusement, la représentation du monde opérée par le numérique n'est pas un dessin mais une liste infinie de 0 et de 1, stockée dans des « centres de données » gigantesques, des hangars réfrigérés et énergivores à mi-chemin entre la morgue et la salle de contrôle. Pour « voir » ce que cette carte dit de nous, il faut donc passer par d'autres abstractions, par les idées qui infusent sa logique cartographique, autrement dit, par les postulats qu'elle choisit pour construire son modèle.

Or, rien n'éclaire mieux ces idées et ces hypothèses que l'histoire de la technologie numérique, et les conditions de sa naissance. Les premiers ordinateurs sont élaborés dans les laboratoires militaires américains et britanniques pendant la seconde guerre mondiale. Ils ont deux objectifs : prévoir la trajectoire des avions allemands pour pouvoir les abattre, et décrypter les communications de l'ennemi. Ce sont les calculateurs Colossus grâce auxquels les Anglais ont pu espionner les communications entre Hitler et ses généraux, obtenir des informations décisives pour la planification militaire du débarquement en Normandie, et marquer ainsi l'histoire. Les « prédicteurs anti-aériens » ont en effet échoué à atteindre leur objectif à l'époque ; mais leurs modélisations ont informé et influencé l'ensemble de la science informatique à venir et en disent long sur le point de vue qu'elle incarne.

Ces dispositifs anti-aériens étaient des « calculatrices numériques » qui cherchaient à prévoir la trajectoire des pilotes ennemis. Pour concevoir de telles machines, il fallait donc avant tout conceptualiser ce qu'il y a de plus hasardeux et de plus humain : la dimension arbitraire des choix d'un individu, l'imprévisibilité de sa volonté. Il fallait décrire numériquement la contingence. Les premiers calculateurs numériques ont donc dû trouver un moyen de composer avec la « poche d'absurdité » inhérente à la nature humaine et à celle de l'univers (théorisée par la physique quantique[1]). Comment tenir compte de la part irréductible du hasard dans la matière du monde ? Comment prévoir ce qui, par nature, ne peut jamais être complètement prédit ? Ce « problème » a fait émerger une nouvelle façon d'imaginer l'homme et sa relation à son environnement.

Les scientifiques ont décidé de représenter la « part d'indétermination » (qu'on appellera, au choix, « le hasard » ou « le libre arbitre » de l'individu) comme une « boîte noire ». Ils ont formalisé l'existence d'une « poche » opaque dont le « fonctionnement interne » ne peut être ni analysé ni représenté. Or, avec ce

1. Comme nous l'avons vu au chapitre 8.

principe de la boîte noire, les scientifiques ont en réalité posé une hypothèse fondamentale : ils ont estimé que l'intention du pilote pouvait être déterminée par autre chose que son « mental » (sa boîte noire). Cette hypothèse les a conduits à chercher dans l'environnement du pilote (plutôt que dans sa tête) les causes de ses actions, ce qui les a naturellement amenés à s'intéresser aux interactions du pilote avec son environnement. En d'autres termes, les premiers dispositifs anti-aériens ont fait émerger l'idée d'une science des systèmes, la notion d'un monde fonctionnant en circuit fermé, ou pour le dire avec un terme actuel, en « réseau », dans lequel tout (à l'exception de ce qui se passe dans les boîtes noires) peut être expliqué et éventuellement prédit par les interrelations entre l'homme et son environnement, qui agissent l'un sur l'autre dans un flux permanent de causes et d'effets. Cette idée, en science informatique, s'appelle le *feedback loop*.

Norbert Wiener faisait partie des scientifiques qui ont participé à l'élaboration des dispositifs anti-aériens pendant la seconde guerre mondiale. C'est le « Anti-Aircraft Predictor » sur lequel il travaillait qui lui a inspiré ce qu'il a ensuite appelé la « cybernétique » : la science de la communication et du contrôle. La cybernétique est un mot mystérieux pour décrire une façon de se représenter le monde, directement inspirée des circuits informatiques. Le concept central de cette théorie est le *feedback loop* (« boucle de rétroaction » en français) qui stipule que toute action que l'on exécute ne change pas seulement notre trajectoire personnelle, mais transforme inévitablement notre environnement, et donc l'ensemble des trajectoires individuelles de tous les autres membres du réseau. Nos actions individuelles ne sont donc pas tant le fruit de notre volonté propre que des « effets » produits par l'ensemble des boucles de rétroaction qui se produisent en continu dans notre environnement.

Avant de tomber dans l'oubli, la cybernétique a été, dans les années 1950 à 1970, une théorie incroyablement populaire dans les milieux artistiques et scientifiques. Elle a par ailleurs largement contribué à la naissance de la science environnementale, puisqu'elle a fondé la notion d'« écosystème ». En bref, l'idée d'un monde fonctionnant comme un réseau électrique dont toutes les parties sont interconnectées et communiquent entre elles a nourri une pluralité d'imaginaires (socialistes, environnementaux, techno-utopiques), notamment parce que la cybernétique reposait sur l'illusion qu'un tel « système » pourrait, grâce aux *feedbacks loops*, être capable de s'auto-réguler et de se maintenir dans une forme de stabilité, d'harmonie globale.

C'est ce dernier point qui a fait échouer le paradigme cybernétique. L'écologie notamment ne pouvait pas soutenir une telle hypothèse. La nature ne revient pas à l'équilibre quand on perturbe ses cycles. Les systèmes humains non plus. La cybernétique continue néanmoins d'avoir une influence immense sur nos vies, car l'idée que le sens des actions humaines puisse être dérivé de l'observation des relations de l'homme à son environnement est devenue le postulat fondamental de l'intelligence artificielle.

La logique de la datafication du monde repose donc sur cette hypothèse : nous ne sommes pas ce que nous pensons, et encore moins ce que nous faisons, nous sommes l'ensemble de nos relations. C'est précisément la thèse d'Antoinette Rouvroy et Thomas Berns lorsqu'ils écrivent : « L'objet de la gouvernementalité algorithmique, ce sont précisément des *relations* : les données transmises sont des *relations* (et le mot “relation” est entendu ici dans son sens le plus brut, le moins habité, il qualifie simplement une opération qui lie *a* et *b* en étant à même d'ignorer ce qui est derrière les termes ainsi liés), et ne subsistent que comme *relations* ; les connaissances générées sont des *relations de relations* ; et les actions normatives qui en découlent sont des actions sur des *relations* (ou des environnements) référées à des *relations de relations*[1]. »

En des termes plus lyriques, la technologie a intégré à sa logique une conception philosophique de

1. ROUVROY, Antoinette et BERNS, Thomas. « Gouvernementalité algorithmique et perspectives d'émancipation », *Réseaux*, 2013.

l'existence que Norbert Wiener décrivait ainsi : « Être vivant, c'est être dans un état de transition permanent, pris dans le courant incessant des influences du monde, que l'on influence aussi[1]. »

Où est passé l'individu ?

I like to think (and
the sooner the better!)
of a cybernetic meadow
where mammals and computers
live together in mutually
programming harmony
like pure water
touching clear sky[2].

Dans la première strophe du poème *All Watched-Over by Machines of Loving Grace*, qu'il a distribué dans les rues de San Francisco un matin de 1967 en le présentant comme un manifeste pour une utopie technologique[3], Richard Brautigan rêve d'une

1. WIENER, Norbert, *The Human Use of Human Beings*, *op. cit.*
2. « Il me plaît d'imaginer (et / le plus tôt sera le mieux !) / une prairie cybernétique / où mammifères et ordinateurs / vivent ensemble dans une harmonie / mutuellement programmée / comme de l'eau pure / effleurant un ciel serein. »
3. Ce poème continue d'être cité comme une référence incontournable de la cyberculture. Il a notamment prêté son titre au

« prairie cybernétique », d'une « harmonie mutuellement programmée » dans laquelle « mammifères et ordinateurs vivraient ensemble ». On retrouve évidemment ici l'imaginaire du retour à la terre et de l'unité avec la nature propre à la contre-culture psychédélique, mais aussi l'idée, centrale à la théorie cybernétique, que l'homme est un organisme, ou une machine, comme les autres. Mammifères et ordinateurs à la fois, ce sont en réalité les *humains* que Brautigan rêve de voir vivre en harmonie dans sa prairie.

C'est là tout le paradoxe du numérique : alors que la technologie a été promue et perçue comme un outil profondément émancipateur, qu'elle a ensuite été décriée comme la cause d'une hyper-individualisation des comportements et des modes de vie, puis dénoncée comme responsable de la « fin de l'individu » et de son libre arbitre, l'« individu » en tant que tel n'a, en réalité, jamais été ni son sujet ni son objet.

Dans la formulation des postulats sur lesquels repose son fonctionnement, la technologie numérique a totalement *éludé* la question de l'individu. Attention, la technologie numérique ne nie pas l'individu, elle est seulement indifférente à son existence. Parfaitement indifférente à son existence. Mammifère ou ordinateur, bovin ou être pensant, chèvre ou intelligence

---

documentaire de la BBC produit par Adam Curtis sur l'histoire culturelle de la technologie numérique.

artificielle, la technologie numérique se représente tous ces organismes comme des nœuds d'information interdépendants et inévitablement reliés dans la prairie qu'ils habitent ensemble. Que cet organisme soit doué de raison, d'une volonté propre, ou qu'il soit au contraire mécaniquement programmé pour exécuter un certain nombre de tâches ne fait aucune différence, car « pour décrire un organisme », la technologie numérique « ne cherche pas à identifier chacune de ses molécules, à le cataloguer petit bout par petit bout, mais plutôt à repérer ses *patterns*[1] », c'est-à-dire ses schémas de comportements récurrents.

Le sujet et l'objet de la technologie numérique sont donc les informations relatives aux relations d'un organisme (humain ou mécanique) avec son environnement. En d'autres termes : les informations relatives à ses communications[2] avec le reste du monde. En ce sens, la technologie numérique est fondamentalement « comportementaliste », elle se préoccupe uniquement des comportements d'un organisme donné, de ses interactions et de ses échanges avec ce qui lui est extérieur. La boîte noire de sa « vie intérieure », tout ce qui pourrait s'apparenter à ses états mentaux, aux informations qu'un organisme serait susceptible de formuler en lui-même ou de « transformer en

1. WIENER, Norbert, *The Human Use of Human Beings, op. cit.*

2. La technologie de « l'information et de la communication » porte donc bien son nom.

lui-même », bref, tout ce qui pourrait s'apparenter à une forme d'individualité est précisément hors sujet.

Kate Crawford considère ainsi que l'intelligence artificielle et le Big Data ont opéré un glissement du « sujet humain » vers un « sujet de données ». Or, ces sujets de données nous dédoublent de manière extrêmement segmentée, ce sont des agglomérats de données qui sont chacune ramenées à leur « nature la plus brute ». Qu'il s'agisse de nos transactions, de nos déplacements, de nos communications verbales ou textuelles, l'ensemble de ces données sont systématiquement décontextualisées. « Une donnée n'est plus qu'un signal expurgé de toute signification propre[1]. » Nos « doubles statistiques » sont donc des agrégats de données et de corrélations qui ont été expurgés de toute notre subjectivité, de tout contexte, et de tous droits, ajoute Crawford.

La logique prédictive du numérique repose donc sur une certaine idée de l'homme, envisagé non plus comme un individu pensant et conscient, mais comme un organisme essentiellement déterminé par son environnement.

---

1. ROUVROY, Antoinette et BERNS, Thomas, « Gouvernementalité algorithmique », *Réseaux*, 2013/I.

11.

L'imaginaire et le politique : la démocratie libérale à l'épreuve de la rationalité numérique

La liberté, cette croyance instituante

Tous les régimes politiques sont fondés sur une certaine représentation du monde, et reposent sur des croyances qui les légitiment en retour. Si la Révolution de 1789 a réussi à renverser la monarchie de droit divin, c'est parce que la population a arrêté de *croire* que l'absolutisme de Louis XVI et les brioches de Marie-Antoinette émanaient de la volonté de Dieu[1]. L'État moderne a ainsi remplacé l'ordre divin par la rationalité bureaucratique, il a fondé sa légitimité sur la raison et sur le droit plutôt que sur la foi. Au lieu de croire au caractère sacré du roi, on a soudain cru aux droits inviolables de l'individu. C'est

1. Et on a vu, au chapitre 8, le rôle essentiel qu'a joué le progrès de la science et de la technique dans le renversement progressif des représentations et des croyances qui a précédé la Révolution.

sur ce postulat, que l'on pourrait bien appeler une croyance, que repose toute la légitimité de la démocratie libérale.

C'est la doctrine du libéralisme politique qui a pavé le chemin des révolutionnaires, de l'Angleterre du XVIIe siècle[1] à la guerre d'indépendance américaine et à la Révolution française de 1789. Elle a instauré les droits de l'homme et provoqué la renaissance, vingt-deux siècles après Athènes, de la démocratie, mais sous une forme nouvelle et définitivement moderne. La grande invention du libéralisme par rapport à la démocratie des Anciens est d'avoir formulé une représentation inédite de l'homme et de son rapport au monde, en prenant appui sur un postulat radical : celui de la *solitude* de l'individu[2], pour lequel la démocratie libérale a créé la séparation de la sphère publique et de la sphère privée.

Cette « solitude de l'individu » est philosophiquement définie par Leibniz à travers une image, celle de la « monade ». Pour lui, les hommes sont comme des monades, des entités qui, selon sa célèbre formule,

1. La révolution glorieuse de 1688 a instauré une monarchie constitutionnelle en Angleterre, qui est souvent considérée comme la première manifestation d'un État de droit en Europe, largement influencé par les traités de John Locke, le père officiel du libéralisme politique.

2. Ce que l'on appelle communément l'« individualisme ». Je renonce à ce terme pour éviter toute confusion avec la connotation « égoïste » que le langage courant lui attribue.

n'ont « point de fenêtre par lesquelles quelque chose puisse y entrer ou en sortir. » Il se représente donc l'individu comme un être indépendant, à la fois « détaché » des autres et « autonome » dans sa conscience. L'individu est auto-suffisant, « comme un monde à part », il ne se règle « que sur sa nature propre »[1] (ou, comme l'écrira Hegel, il ne « répond qu'à sa raison[2] »).

Bien sûr, cette indépendance de l'individu est une fiction. La sociologie et la philosophie communautarienne[3] ont entièrement déconstruit le mythe de l'« individu atomisé » et montré à quel point nous sommes façonnés par la communauté à laquelle nous appartenons. L'image d'un individu auto-suffisant, qui formulerait sa volonté, ses désirs et ses pensées en restant hermétique au monde extérieur, sans qu'aucune influence ne passe le seuil de sa porte, reste donc, dans le meilleur des cas, un idéal par définition irréaliste et inatteignable. Mais la solitude de l'individu n'en demeure pas moins une notion essentielle. C'est

1. Leibniz, Gottfried Wilhelm, *Système nouveau de la nature et de la communication des substances, aussi bien que l'union qu'il y a entre l'âme et le corps*, Paris, Flammarion, 1999.

2. Hegel, Georg W. F., *Leçons sur la philosophie de l'histoire*, Paris, Vrin, 1987.

3. La thèse communautarienne, dont les principaux défenseurs sont Charles Taylor, Michael Sandel et Michael Walzer, est fondée sur le rejet de la conception « atomiste » de l'individu et montre que l'identité comme les droits doivent être fondés sur la communauté culturelle à laquelle l'individu appartient.

un postulat théorique fondamental et fondateur, une sorte de « principe directeur », au sens platonicien, pour la démocratie libérale. Car, c'est en créant la fiction d'un individu-monade, parfaitement indépendant de ses pairs, autonome dans sa conscience, que l'on a pu formuler et justifier le principe d'égalité. La solitude de l'individu suppose en effet qu'il n'existe aucun ordre social « naturel » qui lierait l'homme à ses semblables. Si l'individu est envisagé comme une monade, alors rien ne peut justifier une hiérarchie de fait, une inégalité de naissance, un statut social laissé en héritage. La solitude de l'individu est, en d'autres termes, ce qui permet de formuler son « indétermination ». En naissant indépendant, l'homme naît aussi semblable à tous les autres. Les monades naissent donc libres et égales.

Et c'est en vertu de son indépendance que le libéralisme a octroyé à l'individu la jouissance d'une large « sphère privée ». Là où la démocratie athénienne ne voyait en l'homme qu'un citoyen, l'image de la monade leibnizienne a fait germer une nouvelle conception, non seulement de l'homme, mais de sa liberté. Le libéralisme politique a en effet « mis en acte » la reconnaissance de la solitude de l'individu, cet être naturellement refermé sur lui-même et occupé à ses affaires internes. C'est parce que sa doctrine se figure l'individu-monade comme ayant une vie intérieure riche et une vie privée importante, qu'elle décide d'en faire, institutionnellement, un sanctuaire de sa liberté, de la protéger de toute ingérence politique, de garantir à l'individu le respect d'une sphère dans laquelle il puisse être « laissé libre » de poursuivre ses propres fins et d'assouvir son « goût du bien-être »[1], indépendamment de tous les autres et pour lui-même seulement. La séparation du public et du privé, qui marque les limites du pouvoir politique, la frontière au-delà de laquelle rien ne peut légitimement violer les libertés individuelles, découle donc directement de cette conception monadique de l'homme.

La démocratie libérale est donc un régime qui reconnaît la primauté des droits individuels, qu'elle garantit en protégeant la sphère privée. Comme l'avait identifié Tocqueville, le risque, dans un tel régime, est que les individus, trop occupés à jouir de leurs affaires privées, oublient d'être des citoyens, en somme, que la démocratie libérale oublie d'être *aussi* une démocratie. Car le libéralisme fait de la citoyenneté une sorte d'abstraction, à laquelle on est sommés de donner corps de temps en temps, *a minima* lors des élections, lorsqu'il faut quitter le confort de nos droits pour accomplir nos devoirs et rejoindre momentanément la « sphère publique ». « #GoVote », « #avoté », « #allezvoter » : si ces rappels à l'ordre sont familiers, c'est bien parce que

1. TOCQUEVILLE, Alexis de, *De la démocratie en Amérique*, Paris, Flammarion, 2010.

le civisme requiert un effort alors que rien ne nous y oblige. Si la démocratie libérale n'interdit pas la paresse, c'est parce qu'elle n'attend rien de nous. Elle nous laisse libres d'organiser nos vies, de poursuivre en vain nos désirs et de croire en n'importe quoi. Elle accepte même, et c'est encore un droit qu'elle nous concède, qu'on lui tourne le dos et qu'on renonce à tout engagement civique. Elle n'exige rien, ou plutôt rien d'autre que notre adhésion implicite aux idéaux qui la guident : la liberté de l'individu et l'égalité morale entre les hommes.

En somme, notre régime politique ne repose sur rien d'autre que sur le pouvoir fédérateur de ces deux fictions originelles que sont la liberté et l'égalité des individus. Pour que la démocratie libérale ait un sens, pour qu'elle subsiste et qu'elle fonctionne, elle a simplement, mais impérativement, besoin que l'on accepte et reconnaisse la vertu intrinsèque des grands principes sur lesquels elle est fondée, que l'on aspire avec elle à ce double idéal d'un individu « libre » (c'est-à-dire indépendant, autonome, monadique) et « indéterminé » (donc fondamentalement égal à tous les autres).

Le monde commun, en démocratie libérale, c'est un monde où vivre librement, indépendamment, différemment les uns des autres, mais sous les mêmes étoiles : la liberté et l'égalité de l'individu.

Mais de quelle liberté parlez-vous ?

Automne 2019, Paris, La Sorbonne

Devant une classe décimée par des semaines de grève des transports, je donne un cours sur le psychologue américain Burrhus Frederic Skinner, dont la théorie sur le comportement humain a largement influencé les premiers développements de la science informatique et de l'intelligence artificielle.

B. F. Skinner était un inventeur hyperactif. Ses expériences de laboratoire sur les rats et les pigeons l'ont conduit à développer, alors il n'était qu'un étudiant, une « boîte de conditionnement » (désormais connue sous le nom de « *Skinner box* ») grâce à laquelle il a prouvé les limites de la célèbre théorie du réflexe de Pavlov, le fondateur du comportementalisme, en développant lui-même une théorie du conditionnement encore plus efficace. Quelques années plus tard, alors que les États-Unis entraient en guerre contre l'Allemagne nazie et que la technologie radar n'était pas encore au point, Skinner a convaincu le gouvernement américain que ses pigeons de laboratoire seraient capables de guider avec précision des missiles vers les cuirassés Bismarck. Son projet a été financé, et ses essais se sont révélés concluants, mais l'appareil n'a finalement jamais été utilisé par l'armée américaine. Néanmoins, Skinner a poursuivi ses recherches sur la manipulation du comportement animal, et a tiré de ses expériences une grande théorie du comportement humain pour laquelle il est aujourd'hui reconnu comme l'un des psychologues les plus influents de l'histoire.

La radicalité et la singularité de sa théorie tiennent en une idée, aussi simple que provocante. Pour lui, la « liberté de l'individu » est une parfaite illusion. L'*hubris* de la Renaissance et des Lumières a conduit l'homme à se croire libre, à imaginer qu'il était l'auteur de ses propres actions, qu'il avait une volonté propre. Erreur grossière et fondamentale de toute la philosophie occidentale, ce prétendu « libre arbitre » n'est pour Skinner rien de moins qu'une immense lâcheté conceptuelle, une ruse pathétique qui évite à l'homme de se confronter à son impuissance. Nous sommes en réalité des organismes comme les autres. Nous considérer comme des « êtres pensants et libres » témoigne à la fois de notre arrogance et de notre ignorance, et révèle, en outre, un point de vue peu scientifique. Le comportement de l'humain, comme celui du pigeon, est strictement déterminé par son environnement.

La psychologie traditionnelle, qui cherche à comprendre les causes et le sens d'une action en s'intéressant à « la vie intérieure » du sujet, est donc aussi vaine que fausse. L'idée qu'il existerait en nous une « volonté » qui commanderait nos actions de manière « autonome » est pour Skinner une construction purement irrationnelle, une fable. Ce qu'on a appelé « la volonté » est en réalité aussi un comportement, elle est le résultat de nos interactions avec notre environnement, d'un enchaînement plus ou moins complexe de *stimuli* et de « réponses ». Aucune pensée, aucun sentiment, aucune décision n'échappe à ce déterminisme, *tout* ce qui se passe au sein d'un organisme est *toujours* corrélé à des causes extérieures, produit par le « vortex de *stimuli* » qui l'entoure.

Skinner pensait que la psychologie devait être une science objective, il rêvait d'un monde où il serait possible d'identifier l'ensemble des variables et des « lois » qui produisent le comportement humain. Il imaginait que l'on pourrait alors développer une véritable « technologie du comportement », une méthode qui permette de prédire et de manipuler les actions individuelles pour atteindre, enfin, une forme d'harmonie collective, quelque chose qui s'apparenterait à la garantie scientifiquement orchestrée d'une paix perpétuelle[1].

Je voulais que mes élèves réagissent aux idées de Skinner, qu'ils mesurent les implications d'une telle conception de la nature humaine. Je leur demandai d'imaginer à quoi ressemblerait un monde dans lequel on aurait vraiment abandonné l'idée de l'autonomie du sujet, du libre arbitre, un monde dans lequel on nous prendrait *littéralement* pour des pigeons.

1. Skinner, B. F., *About Behaviorism*, Londres, Vintage, 1976.

« Mais, madame, on est des pigeons ! »
La réponse venait du premier rang, d'une élève discrète, remarquable surtout pour son assiduité en cette période de grèves. Il n'y a même pas eu de rires. Elle était sérieuse, et les autres avaient l'air d'accord.

*

Je ne m'étais pas préparée à ce que le débat prenne une telle tournure. Le peu d'élèves qui me restait ne trouvaient pas Skinner particulièrement provoquant. Au contraire, ils lui reconnaissaient un certain bon sens et se demandaient (c'est là que voulait en venir la fille assise au premier rang) si un système qui reconnaîtrait ouvertement notre « pigeonnerie » ne serait pas plus honnête que cette « démocratie hypocrite », dont le pire mensonge était de nous faire croire qu'on avait encore notre mot à dire. Je clarifiai, ils avaient mal compris. La théorie de Skinner n'avait rien à voir avec ce qu'ils identifiaient comme un problème de représentation en démocratie. Là où ils reprochaient aux institutions politiques de ne pas tenir compte de leurs choix et de ne pas entendre leurs voix, Skinner leur aurait répondu qu'ils n'avaient *de toute façon* pas la capacité de faire un choix autonome et indépendant. Quand bien même, mes élèves étaient tous plutôt d'accord pour considérer l'homme comme un organisme prévisible et manipulable, car essentiellement déterminé par son environnement.

J'insistai : vous ne vous sentez donc pas autonomes ? Ne vous croyez-vous pas capables de penser par vous-même ? N'avez-vous jamais eu le sentiment, dans votre vie, d'accomplir un acte profondément libre ? Ils hésitaient. Mais demeurait toujours le soupçon, palpable, que *tout,* y compris la décision folle et destructrice de quitter du jour au lendemain celui ou celle qu'on aime, le choix futile mais délibéré de ne pas venir en cours un matin, l'acte lourd et longuement réfléchi de désobéir, d'enfreindre la loi, d'entrer en résistance, *tout* pourrait bien être inscrit dans la matrice et dépendre entièrement, comme le disait Skinner, d'un vortex de *stimuli* auxquels on serait aveugles mais qui déterminerait jusqu'à notre essence, jusqu'aux sursauts impromptus de nos petits ego. Cette possibilité ne les scandalisait pas.

J'essayai de leur faire entendre la conclusion de leur position qui revenait, leur répétai-je, à renoncer à l'autonomie du sujet, et à ce qui fonde, dans la tradition humaniste et libérale, notre liberté. Se sentaient-ils à ce point opprimés ? Non, « pas vraiment ».

*

Cette anecdote ne permet évidemment pas de conclure à une quelconque « vérité » générationnelle[1], mais elle illustre un constat paradoxal et troublant, qui est à la fois le point de départ et d'arrivée de ce livre. On peut être *nudgés* de manière quasi continue, accepter que l'ensemble de nos « relations » avec le monde extérieur soit cartographié, souhaiter qu'une intelligence statistique dont on ne maîtrise pas le raisonnement pose pour nous les hypothèses à partir desquelles on envisage le réel, on peut avoir conscience de tous ces phénomènes et de leurs implications (on en a d'ailleurs *parfaitement* conscience, puisqu'on en est arrivés au point de télécharger des applications qui nous permettent de « déconnecter » ces *stimuli* numériques permanents[2]) et, tout en sachant cela, tout en comprenant que la gouvernance algorithmique nous conditionne *comme des pigeons*, continuer de se lever le matin et de se sentir *libres*. Ou comme le diraient mes élèves : « plutôt libres » et « pas vraiment opprimés ».

Ce paradoxe invite à un scepticisme sourcilleux. Ce fut d'ailleurs ma réaction face aux élèves : « Mais alors de quelle *liberté* parlez-vous ? » Et c'est précisément ça qui est en jeu avec la transformation

1. Il serait pourtant passionnant de faire une enquête sociologique de fond sur la relation des enfants de notre siècle à la notion de liberté.

2. Comme le propose la start-up française de « bien-être numérique » Opal.

numérique : le sens que l'on donne au mot lui-même, la façon dont, à force d'envisager le monde à travers le filtre inexorable de la rationalité numérique, on se figure une liberté aux couleurs et aux tonalités bien différentes de cette autonomie théorique, de ce libre arbitre d'un individu isolé, rationnel, indépendant sur lequel se fondent nos institutions politiques.

Une autre idée de la liberté

L'idée qu'un même mot puisse recouvrir, selon les époques, un sens radicalement différent n'a rien d'original. C'est d'ailleurs l'argument central du célèbre discours de Benjamin Constant, *De la liberté des Anciens comparée à celle des Modernes*, dans lequel il explique que la faillite morale et politique de la Révolution française résulte de l'aveuglement des philosophes aux réalités de leur temps. Il leur reproche ainsi d'avoir idéalisé les républiques antiques au point d'en adopter les principes (et notamment le concept de « liberté ») « comme des préjugés », sans se rendre compte que ceux-ci n'étaient plus « convenables aux temps modernes ». L'erreur fatale des révolutionnaires, constate-t-il, est de ne pas avoir vu que leurs contemporains n'aspiraient pas vraiment à la liberté démocratique telle qu'Aristote l'avait définie vingt-deux siècles plus tôt, de ne pas avoir compris que c'était l'« indépendance individuelle », et non la participation à la vie politique, qui constituait « le premier des besoins modernes »[1], et d'avoir ainsi bâti une République parfaitement anachronique, vouée à l'inconséquence. Pour que la Révolution enfante un régime viable, il aurait fallu que les assemblées constituantes « prennent la décision d'être modernes[2] », qu'elles inventent un régime capable d'incarner et d'institutionnaliser les « besoins » et les « aspirations » du siècle, d'actualiser les concepts hérités des Anciens de façon à refléter le sens nouveau et profondément différent que les Modernes donnaient au mot « liberté ».

Pour reprendre les termes et l'argument développé plus tôt dans ce livre, si la Révolution est la conséquence inévitable du grand bouleversement porté par le progrès techno-scientifique de la Renaissance à la physique newtonienne, si elle est la manifestation de la nouvelle façon d'être au monde, de la nouvelle rationalité humaniste et libérale qui découle de ce renversement de perspective produit par les sciences, elle a néanmoins échoué, en dernière instance, à *véritablement* incarner ce nouveau point de vue. C'est la

1. Là où les Grecs comprenaient la liberté comme l'acte politique du citoyen qui participe à la vie publique de la Cité, les Modernes entendent la liberté comme une prérogative individuelle, comme le droit de se soustraire au collectif pour jouir de ses « plaisirs privés ».

2. La formule est de Marcel Gauchet dans sa préface aux *Écrits* de Benjamin Constant.

thèse de Constant : la Révolution a tout renversé, tout balayé, et ce faisant, elle a acté l'impossibilité historique de conserver un régime absolutiste qui n'avait plus aucun fondement au regard des croyances et des aspirations de l'époque, mais elle n'a pas su pour autant reconstruire une alternative suffisamment moderne, elle a raté la traduction institutionnelle de ce qui était le plus essentiel, et le plus spécifique, à ses contemporains, à savoir la reconnaissance d'une nouvelle manière d'être libre et d'être au monde.

Toute l'ambition de ce livre a été de montrer qu'il se produit aujourd'hui, du fait de la transformation numérique de la société, un décalage similaire à celui qu'avait identifié Benjamin Constant. Nos institutions continuent de fonctionner selon des principes et des représentations qui nous ressemblent de moins en moins, qui sont de plus en plus éloignés de la façon dont on reconsidère les choses à l'ère numérique. En d'autres termes, on ne vit plus sous les mêmes étoiles que la démocratie libérale qui, pourtant, continue d'organiser nos vies. La médiation permanente de la technologie, dont on adopte inconsciemment la rationalité, fait que l'on perd progressivement de vue les deux idées fondatrices que sont la liberté de l'individu et son indétermination. Si cette position peut sembler radicale, elle est en réalité beaucoup plus nuancée que la plupart des critiques de la technologie formulées de nos jours.

En l'occurrence, je ne crois pas que la gouvernance algorithmique conduise à la disparition du libre arbitre et de l'autonomie de l'individu. En revanche, je considère que la transformation numérique, en insérant partout la rationalité de la technologie comme le « mode de fonctionnement par défaut », a normalisé une représentation de l'homme et de son rapport au monde dans laquelle le « point de référence », le postulat théorique de départ, n'est pas celui d'un individu monadique, indépendant, autonome, mais celui d'un organisme profondément dépendant de son environnement et dont l'« identité » dépend davantage de ses « relations » que de sa « vie intérieure ». En somme, je constate simplement que la liberté de l'individu (au sens philosophique et politique libéral du terme) ne constitue plus un point d'ancrage fondamental, qu'elle n'est plus, au regard de la rationalité numérique, un postulat théorique, et encore moins une valeur morale essentielle.

Il en découle que la distinction fondamentale entre le public et le privé devient obsolète. En cartographiant le monde à travers la représentation des *relations* qui y ont lieu (et non des entités qui l'habitent), la rationalité numérique ne peut tolérer aucun sanctuaire, et certainement pas le sanctuaire si libéral de la « sphère privée ». Pour produire un savoir objectif, pour être efficace dans son fonctionnement, pour être « rationnelle », la technologie numérique a besoin d'envisager les « échanges », les « relations » entre les entités dans leur *totalité*. Encore une fois, il ne faut pas en déduire que la « vie privée » n'existe plus, ou qu'elle serait intrinsèquement menacée : même si les métadonnées de nos échanges sont *toutes* traitées par des algorithmes, même si Google Home enregistre les conversations qui ont lieu dans nos cuisines ou nos salons, personne aujourd'hui n'a le sentiment de vivre sous l'œil intrusif d'un espion omniprésent. C'était d'ailleurs l'argument de Barack Obama pour rassurer l'opinion publique au lendemain des révélations d'Edward Snowden : « Personne ne lit les messages que vous envoyez à votre mari. » Le numérique a de toute évidence provoqué une nouvelle forme d'auto-censure (on « contrôle » ce que l'on poste sur les réseaux, on est conscient de la permanence de nos traces numériques), de même que les réseaux sociaux et la « culture » de la surveillance ont participé à redéfinir les notions de l'intime et du privé[1]. Tout cela n'a cependant rien à voir, ni en théorie, ni en pratique, avec le film *La Vie des autres*[2]. La surveillance qui découle de la rationalité propre au numérique n'est *jamais*, en elle-même, une

1. C'est l'argument de Mark Zuckerberg expliquant que « la vie privée n'est plus une valeur sociale aujourd'hui », ou le lieu commun selon lequel on publie désormais sans complexe ce que nos grands-mères n'auraient pas osé confier à leurs journaux intimes.

2. Réalisé par Florian Henckel von Donnersmarck, ce long-métrage a pour sujet la surveillance de masse et la Stasi en Allemagne de l'Est.

« technique disciplinaire », elle ne contraint pas, ni consciemment ni inconsciemment, celles et ceux dont les données sont collectées. Elle opère néanmoins une transformation radicale dans l'ordre des choses, et avant tout dans l'ordre de nos représentations, puisqu'elle fait disparaître l'idée d'une séparation nécessaire et inviolable entre le public et le privé.

La technologie numérique ne nie pas le libre arbitre, elle ne s'oppose pas à l'autonomie de l'individu, elle ne viole pas sa vie privée : elle s'en *désintéresse*, tout simplement. Les postulats fondamentaux et inviolables sur lesquels repose la démocratie libérale, la rationalité numérique les ignore davantage qu'elle ne les contredit, pour la seule raison qu'elle est fondée sur des idées et des représentations différentes – et, d'une certaine façon, concurrentes.

Aujourd'hui, la rapidité et l'ampleur de la transformation numérique répandent cette nouvelle rationalité (avec ses postulats, ses façons de se représenter l'homme et le monde, les relations sociales et l'ordre des choses) partout où elle pénètre. À chaque fois qu'elle médiatise une activité humaine, elle « donne corps » à cette *autre* idée de l'homme et de sa liberté. Elle donne lieu, en somme, à un changement de perspective et donc à un déplacement, un glissement, et cela suffit à provoquer, pour reprendre l'expression de Marshall McLuhan, un bouleversement « cataclysmique » dans la psyché collective.

Conclusion

On ne peut pas dématérialiser les services publics, *algorithmiser* la gouvernance de la population[1] (ou l'attribution des vœux sur Parcoursup ou à l'université[2]), distancialiser le travail, virtualiser les musées[3], échanger sur le métavers, blockchainiser le marché de l'art[4] et continuer à voir le monde de la même manière, continuer de croire et d'aspirer aux mêmes idéaux, prendre appui sur les mêmes postulats. La technologie numérique applique sa propre rationalité

1. TREGUER, Félix, « La "ville sûre" ou la gouvernance par les algorithmes », *Le Monde diplomatique*, juin 2019.

2. « Un algorithme, censé fluidifier l'entrée des étudiants en master, inquiète les syndicats », *Le Monde*, décembre 2021.

3. « En tête à tête avec la Joconde : la première expérience de réalité virtuelle du Louvre », exposition Léonard de Vinci, Musée du Louvre, octobre 2019.

4. « NFTs take n° 1 Spot in Influential Art World Power List », *The Guardian*, décembre 2021.

à toutes les activités et organisations qu'elle transforme, et, ce faisant, inscrit petit à petit dans les procédés, les manières de faire et les esprits des représentations différentes de celles sur lesquelles repose « le monde d'avant », tout entier réglé sur le cadre moral de la démocratie libérale. L'idée que l'on se fait de l'homme et de sa place dans le monde, les critères du vrai, du juste, de ce qui fait la valeur, sont progressivement métamorphosés, refondés par la médiation permanente et inexorable de la technologie. La transformation numérique déplace ainsi nos points de référence et insinue un autre rapport au monde, fondé sur de nouveaux postulats, nous amenant à concevoir les choses sous un autre angle, de sorte que l'on se fait, par exemple, une tout autre idée de la liberté.

Ce qui change, avec la transformation numérique, ce n'est donc pas qu'elle crée une crise de la vérité ni qu'elle fait émerger de nouveaux pouvoirs économiques, et avec eux, de nouvelles menaces pour la souveraineté de l'État, ni qu'elle favorise les pratiques disruptives et contribue ainsi à la délégitimation de la sphère publique. Tout cela est vrai, mais relève de la mécanique, de la procédure, de la sphère réglementaire, de la négociation permanente que la démocratie libérale institue par principe entre le pouvoir politique et le reste des instances. Tout cela ne nous dit rien d'un quelconque « bouleversement » qui serait spécifique à la transformation numérique.

Ce qui change en revanche avec la transformation numérique, c'est qu'elle déséquilibre l'accord, au sens harmonique, orchestral du terme, qui *doit* exister entre les aspirations de la société et les institutions qui la gouvernent pour que celles-ci demeurent pérennes et légitimes. Ce qui change, c'est qu'elle « vide » les concepts, les représentations et « nos mots les plus impressionnants[1] » de leur sens, et cette transformation-là, par laquelle elle filtre notre rapport au monde, par laquelle elle pose sur les choses son voile invisible mais tellement *signifiant*, est à la fois absolument inexorable et fondamentalement politique en ce qu'elle touche le sens et l'essence du social et de ses représentations.

L'originalité de ce livre est d'avoir élaboré ce constat *sans faire de politique*, en ne s'intéressant à rien d'autre qu'à la *logique* propre au numérique, à la façon dont cette technologie fonctionne, à la *rationalité* qui l'anime. « Adopter une posture poétique », comme le promettait l'introduction, a permis d'émanciper l'analyse de la transformation numérique du bruit et des scandales de son économie, d'échapper à la confusion et à l'incertitude qui résultent des insolubles conflits entre les différentes expressions

1. C'est l'expression de Marshall McLuhan à propos des conséquences « traumatiques » et « cataclysmiques » des nouvelles technologies de communication électroniques sur la psyché collective : « *Our most impressive words betray us. They refer us only to the past, not to the present* » dans *The Medium is the Massage*, *op. cit.*

du techno-progressisme et ses innombrables contradictions. L'audace de la posture poétique est donc d'avoir osé suggérer que pour saisir la dimension *intrinsèquement politique* de la transformation numérique, il fallait se libérer de son actualité pour l'approcher sans la juger, en ne cherchant qu'à comprendre la rationalité par laquelle elle façonne le nouveau point de vue que l'on porte sur le monde.

Pour le dire encore plus directement : ce n'est pas en régulant l'industrie numérique que l'on « protégera » la démocratie de la transformation numérique, mais en cherchant à comprendre *quelle* démocratie, quelles institutions, quelles procédures, et, surtout, *quels concepts*, doivent être actualisés ou réinventés pour répondre aux aspirations et représentations nées de l'adoption massive de cette nouvelle rationalité.

Dans cette perspective, ce livre fait donc office de grand « dépoussiérage ». En suggérant une voie parallèle, une approche alternative aux lectures politiques et instrumentales de la transformation numérique, en pointant l'importance et le rôle transformateur de la rationalité propre à ses technologies, il ne fait que poser les premiers jalons d'une réflexion théorique et politique qui s'annonce inévitable : à quoi pourrait ressembler une démocratie numérique ? Que recouvre la notion de liberté à une époque où l'on naît sous les *nudges* algorithmiques et en ayant conscience de leur efficacité ? Que signifient l'autonomie, le mérite, la raison, l'intelligence, à l'âge du *machine learning* et de la gouvernance algorithmique ? Comment les sujets de données, nos doubles numériques, nos futurs avatars virtuels, forcent-ils à refonder le principe d'égalité entre les individus ? Ce n'est pas en s'entêtant à vouloir maîtriser, réguler, contraindre à la marge et en superficie des phénomènes *par nature* insaisissables, mais c'est au contraire en comprenant l'effet de la rationalité numérique sur ces idées fondamentales que l'on pourra penser et instituer un régime juste et légitime, qui nous ressemble.

Postface
Il diavolo

Été 1997

Nous étions cinq enfants agglutinés derrière l'écran bombé du tout premier ordinateur familial, un Compaq qu'on venait de nous rapporter « de Paris », avec deux disques de jeux vidéo. Dans une maison où les consoles avaient toujours été interdites, c'était toute une cérémonie. Il a fallu trouver une place à la bête et, non sans discernement, c'est le minuscule garde-manger (la seule pièce qui fermait à clé) que mes parents ont décidé de transformer en bureau cet été-là. La petite lucarne sous le plafond faisait entrer plus de chaleur que de lumière, et c'est dans cette atmosphère suffocante qu'en cette fin de mois d'août nous passions nos journées. Nous prenions chacun notre tour derrière le clavier, et nos cris de joie ou de détresse à chaque « vie » gagnée ou perdue résonnaient jusqu'au portail du jardin. Ma grand-mère, qui nous rendait visite et dont la chambre se trouvait au bout du couloir, nous chassait régulièrement de notre antre. Irritée par le vacarme incessant, elle nous criait dans son patois d'« aller prendre l'air », nous envoyait nous baigner comme si c'était une punition. Ni une ni deux, nous y retournions. C'était tous les après-midi le même cirque : elle se fâchait, nous obéissions puis recommencions aussitôt, jusqu'à l'usure – et *la nonna* a fini par renoncer. Un jour, désemparée, elle est venue se planter sur le pas de la porte pour observer de plus près ce qui se tramait dans notre fournaise. Elle nous a toisés un bon moment, et avec le ton oraculaire que nous lui connaissions si bien, et qui lui donnait un air encore plus comique, elle nous a dit, levant le menton vers l'ordinateur, dans un italien clair et parfait cette fois : « *Ce diable*, il va finir par vous rendre tous *fous* ! »

L'expression est restée. Jusqu'à la fin de sa vie, ma grand-mère a appelé les ordinateurs puis les smartphones : « *il diavolo* ». Elle n'a jamais posé le doigt sur l'un de ces appareils mais comprenait très bien leur utilité. Quand elle avait besoin d'un renseignement, elle nous demandait d'aller « chercher sur le diable », quand elle voulait téléphoner à l'un de ses enfants, il fallait que nous l'appelions en vidéo « avec le diable ». Elle était même sensible au nombre de *likes* que les photos d'elle pouvaient générer sur nos profils Facebook, qu'elle appelait *aussi* « le diable ».

Postface

Depuis que j'ai commencé à travailler sur le numérique, j'ai souvent souri en repensant à ma grand-mère et à son involontaire lucidité. Elle avait vu ce premier ordinateur transformer toutes les habitudes de ses petits-enfants, et s'en était méfiée *comme du diable*. C'était excessif, comme toujours avec elle, mais elle avait néanmoins pressenti, non sans justesse, l'ampleur des bouleversements à venir.

Remerciements

Ce livre est partiellement issu d'une thèse en science politique, soutenue dans le cadre d'un double doctorat à l'école de la recherche de Sciences Po et à l'université de Columbia à New York. Les idées qui y sont développées n'auraient pas abouti sans les rencontres exceptionnelles qui ont marqué ces années d'études. Je remercie en particulier mes directeurs, Frédéric Gros et Bernard Harcourt, ainsi que mes collègues doctorants dont l'intransigeance et la rigueur ont été des boussoles.

Je dois aussi ce livre aux conversations informelles, passionnantes et parfois enflammées que j'ai eues avec des amis, entrepreneurs, activistes, militaires, philosophes et hackers. Je pense notamment à Olga, Luc, Vishakh, Tariq Krim, Daniel Saadoun, Michel Liegeois, Tuomo Tiisala, et aux personnes dont j'ai croisé le chemin au Chaos Computer Club, qui se reconnaîtront.

J'aimerais également témoigner toute ma gratitude à Emmanuel Clerc pour m'avoir encouragée à écrire ce livre, ainsi qu'à Jean-Luc Barré et Pierre Chardot pour leurs relectures attentives et leur accompagnement bienveillant.

Enfin, celles et ceux qui m'ont épaulée au quotidien méritent mon éternelle reconnaissance : ma grand-mère Monique qui, du haut de ses 80 ans, a porté, promené, bercé mon nouveau-né des semaines durant pour que je puisse me remettre au travail ; mes parents et mes frères qui, chacun à sa manière, m'ont apporté une aide incomparable ; et Charles, qui m'a accompagnée à chaque instant, et dont l'amour et l'intelligence m'ont inspirée au moins autant qu'ils m'ont soutenue.

Table des matières

UNE « GRANDE TRANSFORMATION » TECHNO-CULTURELLE

Imprimé en France par CPI
en septembre 2022

MIXTE
Papier issu de
sources responsables
FSC® C003309

L'éditeur de cet ouvrage s'engage dans une démarche
de certification FSC® qui contribue à la préservation
des forêts pour les générations futures.

Pour en savoir plus :
www.editis.com/engagement-rse/

N° d'édition : 63229/01
N° d'impression : 170814